新型农民科技实用人才培训教材

新农村经纪人
培训教程

赵　磊　主编

中国农业科学技术出版社

图书在版编目(CIP)数据

新农村经纪人培训教程 / 赵磊主编. —北京：中国农业科学技术出版社，2012.7
ISBN 978-7-5116-0927-4

Ⅰ. ①新… Ⅱ. ①赵… Ⅲ. ①农村经济-经纪人-技术培训-教材 Ⅳ. ①F321

中国版本图书馆 CIP 数据核字(2012)第 117671 号

责任编辑　崔改泵
责任校对　贾晓红

出 版 者　中国农业科学技术出版社
　　　　　北京市中关村南大街 12 号　邮编:100081
电　　话　(010)82109704(发行部)(010)82109194(编辑室)
传　　真　(010)82106624
网　　址　http://www.castp.cn
经 销 者　各地新华书店
印 刷 者　北京建宏印刷有限公司
开　　本　850mm×1 168mm　1/32
印　　张　5
字　　数　127 千字
版　　次　2012 年 7 月第 1 版　2018 年 4 月第 6 次印刷
定　　价　19.80 元

编委会

前　言

这几年,农村出现了一个新兴职业——经纪人。这些农村经纪人一头连着成百上千的农户,一头连着千变万化的市场,起到了连接农民和市场的作用。同时,农村经纪人在为农民引进良种、农业生产新技术和相关培训,帮助农民改善种植、养殖结构,实现高产高效等方面也起到了积极作用。他们的经纪活动使农业生产和农民收入发生了很大变化,改变了农民传统的自种、自销方式,并在农产品流通中发挥重要的作用。

本书从理论和实践的结合上系统地概括了现代农村经纪人的一些基本概念,详细叙述了现代农村经纪人开展经纪活动的内容、过程与技巧等,全面介绍了现代农村经纪人应知的知识、应具备的素质、应知应守的法规,以及如何依法行纪,维护市场秩序,如何应用法律维护自己的权益等。书中还简要讲述了农村现货经纪人、劳动力转移经纪人、技术经纪人应会的知识和开展经纪活动的程序与操作方法。

由于编者水平有限,书中不当之处,敬请各位读者批评指正,在此表示诚挚的感谢。

编　者

目 录

第一章　新农村经纪人基础知识

第一节　新农村经纪人的概述

一、什么是经纪人和农村经纪人

经纪，就是经纪人按照委托人的要求和委托业务的范围进行业务联系和业务活动。委托人如果是卖方，经纪人可以依据其要求协助寻求买主；委托方如果是买方，经纪人可以根据其要求协助寻找货源；经纪人奔走于交易双方之间，只收取佣金。

2004年8月28日，国家工商总局第14号令(《经纪人管理办法》)对经纪人作了如下定义："经纪人，是指在经济活动中，以收取佣金为目的，为促成他人交易而从事居间、行纪或者代理等经纪业务的自然人、法人和其他经济组织。"由此可见，所谓农村经纪人就是指在农业经济活动中，以收取佣金为目的，为促成农产品交易而从事居间、行纪或者代理等经纪业务的公民、法人和其他经济组织。因此，农村经纪人是一个泛指，它涉及了农村经济发展中的各类市场，涵盖了从事经纪业务的个体工商户、个人独资经营公司、合伙经纪企业和经纪公司等机构。可以说，哪里有经济活动，哪里就活跃着经纪人的身影。

二、农村经纪人和"二道贩子"、"倒爷"有什么区别

"二道贩子"、"倒爷"这些名字，是人们对从事流通领域里面的低价买进、高价卖出的经济活动的人的一种贬义的称呼，是人们沿袭旧的思想观念，对从事流通领域买卖行为的一种错误认识。旧的思想观念认为，低买高卖是"投机倒把"，是不正当的。实际上，在市场经济中，市场的需求和供给总是存在差距。比如，北京需要大蒜，山东有大蒜，北京的买家出价比山东买家出价高，

价差的存在就有利可图,这是市场经济必然存在的,是合情、合理、合法的。而从事流通领域活动的这些人,低买高卖,解决了卖家的销售问题、也解决了买家的购买问题,依靠自己的诚实劳动所赚来的钱,是正当的。广大的农村经纪人,他们从事的贩卖蔬菜、水果、鲜花、水产、牲畜、皮毛、药材、苗木等活动,都是属于合理合法的行为,也是受到国家法律保护的。而且国家也在逐步规范农村经纪人的行为,减少农村经纪人存在的欺行霸市、强买强卖等不正当竞争方式,提高他们各方面素质和抵抗风险的能力。

所以说,农民朋友们依靠自己的本事、合理合法地从事经纪人的活动,是应该值得我们尊敬和提倡的。

第二节　农村经纪人特殊地位与作用

一、农村经纪人特殊地位

农村经纪人从无到有,从小到大,给传统农业向现代农业转型注入了新的活力。农村经纪人已经成为政府无法代替,能弥补政府不足的重要力量。我国工业化、城镇化的快速发展,带来了农业生产,尤其是粮食生产的巨大变化。一方面,随着工业化水平的提高,农业机械化呈加速发展态势;另一方面,农村大量劳动力向非农业转移,从事农业生产的劳动力大大减弱,甚至出现了力不从心的局面。在这一变化之中,农村经纪人起到了重要的作用。农村经纪人,既是农业劳动者,又是农副产品流通的承担者。他们在农村承包有土地,日常从事农业生产,收获季节又从事农副产品购销活动。

农村经纪人弥补了农村劳动力之不足。现在的农村经纪人已经从与农民单一的买卖关系,发展到了从生产源头开始的多种合作关系。农村经纪人组建有诸如机耕队、防治队、收割队等各种服务队。这些熟悉农业生产的专业人员,根据农民的需要随时上门服务。同时,他们拥有的现代化服务设施,也极大地提高了劳动生产率,从而弥补了农村劳动力之不足。

经纪人起着一种传递信息、沟通渠道的作用。信息，在现在社会生活中起着举足轻重的作用，拥有有价值的信息就意味着拥有了财富，拥有了资本。经纪人则可利用他们联系广泛、信息丰富的特点，帮助这些急待推广的成果找到识货者，把潜在的生产力转成现实的生产力。

二、农村经纪人的作用

经纪人起着一种互通有无，促进商品流通、销售的作用。经纪人虽不进行买卖活动，不直接销售商品，但是他在商品流通环节中却起到了特殊的作用。因为经纪人的活动范围广，他服务的对象是委托人所委托的业务，如销售商品、购进商品、转让技术、引进技术等，使经纪人的活动范围涉及物、财、人、技术、设备等各方面，不仅具有促销、促售作用，而且具有推荐、介绍性质；通过经纪人的业务活动，还可以互通有无，调剂余缺，使委托方尽快达到委托的目的，对所需要的尽快得到，对寻求出路的能够尽快找到出路，进而可以开拓货源、减少积压，加快商品流通，充分发挥现有的人、财、物的潜力和科学技术的作用，为经济发展起到重要的推动作用。

经纪人游走天下，见多识广，又因为职业原因，他们对于相关信息非常敏感，因而掌握的信息量非常丰富。而另一方面，随着市场交易范围的扩大，生产方与需求方之间越来越难以直接沟通，迫切需要中间人来牵线搭桥。因此，农村经纪人逐渐成为农村市场最积极、最活跃的因素。农村经纪人的具体作用：

（一）有利于信息的传播

随着农业结构调整的逐步深入，各种特色农业逐渐发展起来，与此同时，农产品产量迅猛增加，这就使得利用各种形式和途径培养一批能够提供农产品供求信息、随时掌握农村产业发展和市场需求情况、提供农产品生产的发展变化和供应能力变化趋势的农村经纪人成为最迫切的要求。农村经纪人能够通过互联网等现代传媒与外界联系，获取市场信息，并能将其迅速传播，因而有利于协调生产与市场的关系，为广大特色产业种植户提供指导和帮助。

（二）有利于搞活农产品流通

随着信息向农业经纪人的集中，农村经纪人利用熟悉经纪业务、市场信息灵、社会关系多、办事效率高的特点，积极开展农产品流通服务、农村劳务输出服务、农业信息供给服务，从而解决农村市场信息闭塞的现象，缩短了农产品流通时间，推动了农产品生产的发展。农村经纪人不仅有助于克服农产品的买卖难，而且还可以运用其信息能力、中介行为，诱导农业生产结构的调整，增强农业适应市场需求的能力。

（三）促进了劳动力的合理利用

由于农业生产的季节性，导致农业生产中会出现阶段性的剩余劳动力。另外，由于农村人均耕地越来越少，难以容纳下太多的农村劳动力，因而迫切需要将其转移出来。把农民从土地中解脱出来，投身到第二、第三产业，带动农村劳动力的转移，推动农村小城镇建设，成为农村经纪人的主要工作内容。

（四）有利于促进城乡经济协调发展

党的十六大报告指出，统筹城乡经济发展，建设现代农业，发展农村经济，增加农民收入，是全面建设小康社会的重大任务。农村富余劳动力向非农产业和城镇转移，是工业化和现代化的必然趋势。农村经纪人在国家坚持城乡统筹、扶持农村第二、第三产业的发展、调整农村经济结构的政策法规指引下，能够为促进乡镇企业发展和小城镇建设、引导农村富余劳动力在城乡地区间有序流动提供方便。

（五）推动了农村基层政府职能转变

过去，为了改变农业生产和市场需求之间相互脱节的状况，农村基层政府往往采取行政指挥的手段安排农民的生产。在这个过程中，基层政府虽然做了种种努力，但由于其对市场了解不多、采取措施大多是非市场化手段，因而经常导致许多农产品无法销售出去，不仅给农民造成经济损失，而且也影响党群、干群关系。农村经纪人成长起来以后，农民生产什么、生产多少，由农村经纪人根据市场需求进行安排；农民在生产中遇到市场及技术困难时，一般都找农村经纪人，不再找政府。这样，农村基层政府就可以腾出更多的时间和精力，履行社会管理和公共服务职能，即不找市长找市场、找不到市场找经纪。

第三节　农村经纪人的经纪内容和运作过程

一、农村经纪人的经纪内容

农村经纪人根据经纪的对象，可有以下经纪的内容。

（一）信息经纪人

农村受交通、通讯等各种条件所限，农民对种什么、养什么心中没底，急切盼望能有一批信息灵、把握行情准的经纪人替他们提供致富消息，以获得可靠的收入。

（二）科技经纪人

农民从种植传统的粮食作物到改种其他经济作物，以及大力发展畜禽、水产养殖，这是一种了不起的转变，但毕竟对于怎么种、怎么养还处于摸索阶段，急切需要一批懂技术、善管理的科技能人进行传、帮、带，进而实现种植业结构的有效调整，大力发展优质高效的农业。

（三）加工经纪人

农村大量农副产品集中上市后，作为原料卖出很难获得增值，农民收入的稳定增长也就无法保障。这就需要一批既懂企业管理，又精通市场营销的农副产品加工经纪人，兴办以农产品为原料的农副产品加工业，使农民既能获取加工、流通环节的利润，又能降低和避免农副产品因仓储、气候等条件影响所造成的损失，从而增加农民的收入。

（四）推销经纪人

大量的农副产品集中上市后，由于贮存保鲜时间短、就地加工转化能力低、本地市场有限、农村信息闭塞等原因，农副产品及其深加工产品卖给谁的问题比较突出，因此急需一批能够推销农产品和预先为农产品找到订单的经纪人，避免农副产品大量积压造成另一种"粮贱伤农"现象。

当前大力扶持以下几种类型的农业经纪人：一是为当地优势农副产品衔接需求市场的农村经纪人。二是在农业加工龙头企业和农户之间牵线搭桥，促成订单农业生产，不断改进农业产业结构的农村经纪人。三是推广实用农业科学技术的农业科技经纪人。四是依托大型农副产品、农资批发市场为农民群众提供运输、仓储和营销中介服务的一般经纪人。五是为解决农村剩余劳动力出路的劳动力经纪人。

二、农村经纪人的运作过程

一是收集经纪信息。信息是经纪活动的灵魂，经纪人接受委托人委托，根据供应和需求信息寻找相应的交易对象，促成交易完成。因此，经纪信息的收集和传递是经纪活动的第一项内容。

二是接待客户的相关咨询。在经纪活动中，很多交易人对国家相关政策法规、对所交易物品缺乏了解，因而会向经纪人进行相关咨询。

三是登记客户信息及其供求意愿，建立供给信息库和需求信息库。若对方委托经纪人进行交易，则还需要签订委托协议。

四是在供给信息库和需求信息库之间进行供求匹配，寻找可能的交易组合。这个过程就像是介绍对象时把男方和女方进行比较一样，判断其是否合适。若觉得合适，则召集双方或代理其中一方进行协商。

五是起草交易活动文件。为保证经纪活动顺利进行，经纪人一般要负责起草交易相关文件。由于交易文件具有法律效力，直接影响当事人的切身利益，因此经纪人在起草各种文件时，必须和当事人沟通协商，由当事人同意并签字盖章。

六是为交易双方提供保证。经纪人作为协调交易双方的中间人，对交易的完成起到保证作用。在这个过程中，经纪人通过自身的信誉使交易双方能顺利完成契约。经纪人在长期的经纪活动中积累起来的信誉和口碑是促进交易双方成功完成交易的重要保障。

七是收取中介费用。经纪活动程序一般是根据实际工作情况来设计，不同的业务和不同的经纪人运作程序有所差别。若是代理关系，则要与委托方签订委托代理合同。代理合同应当写明代理内容、代理权限、代理期限、相关报酬、违约责任等内容。然后代表委托方谈判并签订合同，并收取中介费。若是居间关系，则需要给交易双方提供协商平台。如，张某想租赁一块土地，到你这里进行了登记。登记完成后，你要在掌握的要出租的土地中，寻找符合其所要求条件的地块，然后向张某介绍这块地的情况。若张某有兴趣且需要进一步考察，则可以领着他去看一下，若其满意，则将交易双方召集到一起进行协商，帮助双方签订流转合同，同时收取相应的中介费。

第四节　鼓励和发展农村经纪人

一、哪些农村经纪人可获重点扶持

主要是五类经纪人：为当地优势农副产品衔接需求市场的；在农业加工龙头企业和农户之间牵线搭桥，促成订单农业生产不断改进农业产业结构的；推广实用农业科学技术的；依托大型农副产品、农资批发市场为农民群众提供运输、仓储和营销中介服务的；为农村剩余劳动力解决出路的。

二、鼓励和发展农村经纪人有哪些优惠政策

对农民申请注册个体农产品和私营企业农村经纪人的，除注册工本费外免收一切费用；对边远地区农村的农民要从事经纪活动的，工商部门上门办理登记注册手续；对申请开办农产品经纪

有限责任公司注册资本不足的，允许按相关规定注册资本分期到位；农村经纪人的培训费适当收取，发证只收工本费。

第五节　农村经纪人的行为规则

一、农村经纪人应遵守哪些行为规则

（1）提供高效率服务。

（2）如实向当事人介绍交易情况。

（3）妥善保管当事人交付的样品、保证金、预付款。

（4）按照约定为当事人保守商业秘密。

（5）开具发票收佣金并依法交纳税费。

（6）法律、法规规定的其他行为规则。

二、经纪人不得从事哪些行为

（1）超越核准的经营范围。

（2）隐瞒与经纪活动有关的重要事项。

（3）签订虚假合同。

（4）采取胁迫、欺诈、贿赂和恶意串通等手段促成交易。

（5）伪造、涂改、买卖各种交易文件和凭证。

（6）向当事人索取佣金外的酬劳。

（7）参与国家明令禁止的物品、专控商品及其他不允许经纪人从事的经纪业务活动。

（8）兼职经纪人从事与所在单位有竞争关系的经纪活动。

（9）法律、法规禁止的其他行为。

对于政府法律法规规定不允许他人经营的商品，新农村经纪人一律不能进行贸易中介：

（1）国家专控专卖的商品。为了把握经济发展的全局，往往会在某个特定的时期规定一些由国家专控专卖的商品，例如，烟草及其制品、军火、一些稀有金属和贵金属、尖端科学技术等都是专控专卖商品，新农村经纪人不能参与这些商品的现货交易中介。

(2)不参与假冒伪劣商品的贸易中介。经营假、冒、伪、劣和有害的商品,是以损害消费者的利益为手段,以非法牟取暴利为目的的违法行为。这类商品的交易,严重破坏了政党的市场秩序,极大地损害了名牌产品的生产经营,坑害了消费者,最终使国家和消费者蒙受重大损失。因此,新农村经纪人不仅不参与假、冒、伪、劣和有害的商品交易中介,而且要配合政府有关部门,与假、冒、伪、劣和有害的商品的生产者和经营者作坚决斗争。

(3)不参与走私商品的贸易中介。随着中国改革开放的不断深入和经济全球化的加速,国际贸易往来日益频繁,进入国内市场的国外商品会越来越多。一些不法分子采取内外勾结、官商勾结的手段,逃避检查、逃避关税。因此,从价格上,同样的商品,进口低价"水货",牟取暴利,冲击国内市场,干扰国内商品生产。为了维护国内市场秩序,维护国家和人民利益。新农村经纪人应自觉抵制走私商品的贸易中介。

(4)不参与违禁物品的贸易中介。为了维护国家的尊严,保护人民群众的身心健康,政府规定一些物品不准在国内、国际市场上交易。例如,毒品、淫秽物品、国家重点保护的野生动物、重要文物、洋垃圾等。新农村经纪人不要参与这些违禁物品的贸易中介。

三、兼职经纪人

领取"经纪资格证书"的非经纪行业现职人员(公务员、现役军人及法律、法规不允许从事经纪活动的人员除外)经所在单位同意,可以在经纪人机构兼职从事经纪活动。

其他企业兼营经纪项目,无论是属于经纪行业的企业或是经营范围中有经纪项目,经营方式有居间、行纪、代理的均应按照《经纪人管理办法》的规定予以注册登记。

第二章　新农村经纪人岗位职责与素质要求

第一节　新农村经纪人岗位职责

新农村经纪人业务的岗位职责可概括为以下3条：

一、遵纪守法的岗位职责

新农村经纪人获取中介佣金的资本是私有信息和专有知识，如销售渠道、技术参数、市场信息等。这就加重了其业务活动的隐蔽性，为规范新农村经纪人的业务运作程序、保障委托人的合法权益、减少经济纠纷，必须尽早建立健全有关新农村经纪人的法律制度，以保障新农村经纪人经营活动的健康发展。综合各地的经验，农村经纪人活动有以下4项法律职责：

第一，农村经纪人服务“三农”的职责。凡具有一定专业知识和中介服务经验，愿意从事经纪活动的公民，经过申请、培训，考试合格者，由工商行政管理部门颁发从事经纪活动的资格证书。可以在生产资料、生活资料经营和转让，以及在引进资金、信息、工程项目等过程中从事中介服务活动。

第二，办好农村经纪人服务所的职责。依照有关规定可以从事个体经纪业务，开办经纪业务或开办新农村经纪人服务所。

第三，农村经纪人遵守国家法律、法规和政策的职责。在批准的经营范围内从事新农村经纪人活动，不准直接进行实物性商品买卖，不得违法经营、弄虚作假，进行诈骗活动。

第四，农村经纪人缴纳税费的职责。应当按有关规定收取中介费，依法纳税，按有关规定向工商行政管理部门缴纳管理费。

二、取得佣金的岗位职责

按国际惯例，新农村经纪人在交易活动发生后，交易各方应到独立的结算机构结算佣金。新农村经纪人佣金数额与商品成交额挂钩，新农村经纪人的交易活动若采取私下交易，新农村经纪人应该主动缴纳个人所得税，保持经纪人目标与委托人目标的一致性。

三、控制信息的岗位职责

新农村经纪人应该定期向委托人真实地报告业务进展情况，委托人有权定期索取新农村经纪人的经营业务有关资料，双方均应服从国家管理机构的监督与管理。

第二节　新农村经纪人素质要求

新农村经纪人的内在素质在很大程度上影响着经纪业绩。新农村经纪人必须不断提高自身的素质，使自己的经纪活动建立在更为合理和科学的基础之上。综合而言，新农村经纪人应具备以下基本素质：

（1）政治思想素质。在社会主义市场经济体制下，新农村经纪人是为农村经济的发展、为提高农民的收入服务的。作为经纪人，必须有着比较高的政治思想觉悟，正确领会和贯彻党和国家的各项方针政策，有强烈的时代感和责任心，使自己成为一个有理想、有道德、有文化、有纪律的新型农村经纪人。讲求职业道德，使经纪活动建立在良性发展的轨道之上。

（2）心理素质。良好的心理素质，是经纪人取得成功必备的条件之一。一般而言，新农村经纪人的心理素质包括以下几个方面：

①良好的性格，稳定的情绪。良好的性格有助于人际间的沟通；稳重的性格有利于增加客户的信任。积极向上而又饱满的情绪会激发人们的工作热情，推动经纪事业的开展。这就要求新农村经纪人在开展业务活动的过程中，面对复杂多变的情况，克服自己性格中不利的因素，善于控制自己的情绪。做到冷静而礼貌、耐心而果断；避免喜形于色，怒而变色，要经常保持较为平和

的心态,使自己有比较好的心理承受能力。

②坚强的意志,坚定的信心。持之以恒、百折不挠的意志品质,遇败不馁、树立必胜的信心,才可以使新农村经纪人在变化无穷的市场竞争中求得生存,发展壮大。

(3)身体素质。新农村经纪人的经纪领域有很强的地域性,经常要走村串户,往返于城乡之间,甚至翻山越岭、跋山涉水,消耗大量的体力和精力。健康的体魄、旺盛的精力是新农村经纪人必须具备的身体素质。

第三节　新农村经纪人应具有的能力

在经纪活动中,良好的事物观察、信息筛选能力,一定的社交和应变能力,都是新农村经纪人顺利工作的根本保障。

一、良好的观察能力

观察能力是人们本着特定目的,带着计划,按照一定步骤去观察客观事物的现象时,能掌握现象中具有本质的、典型的外部特征一种能力。经纪人既要观察市场的变化,也要了解具体农产品的外观、性状等指标。观察能力对新农村经纪人而言,尤为重要。经纪人应该时刻培养这种能力,做到眼睛勤看,头脑多想,心中善记;客观、及时、准确、全面、周密地去观察。

二、创造力

创造力,是指解决特殊问题时综合构建出的全新的解决问题方法的能力。新农村经纪人在从事经营业务时,会遇到这样那样的特殊的问题,杰出的新农村经纪人善于对以往的经验和概念加以综合,逻辑推理,优化组合,构建出全新的解决方法。

三、理解力

理解力是对事物内在机制认识的能力。

新农村经纪人要提高理解力,要对事物仔细观察,对买卖双方情感加深认识,对委托人、购买人的行为全面领会,以及对社会运行规律加以体察。只有这样，新农村经纪人才能在随时处于人、财、物交叉及其平衡——失衡——再平衡的过程中，取得显著的成就。

四、获取和鉴别信息的能力

随着市场经济的发展，科学技术的进步，信息传播的数量和速度不断加大、加快。广泛地获得信息，从众多的信息中鉴别出有价值的内容，是当务之急。在这种情况下，经纪人应注重以下几个环节：

(1)善于捕捉信息。农民经纪人以自己经纪的业务为核心，围绕着相关的项目主动、及时地去捕捉信息，为经纪活动提供有预见性的、指导性的参考信息。

(2)提高鉴别水平。获取一定的信息资料后，应学会运用科学的方法，把原始的信息通过归纳、分析、对比、综合等手段，去粗取精，去伪存真，提炼出有价值的信息。

五、良好的社交公关能力

社交公关能力反映的是一个人与社会融合、与他人交往沟通的能力，可以体现自身与公众利益之间建立起来的相互了解和信赖关系的能力。新农村经纪人是买卖双方的纽带，连接着城乡，活动的范围比较广泛，良好的社交能力可以充当经纪活动的润滑剂，调整经纪人与他人之间的各种关系；一定的公关手段，可以让经纪人迅速打开经纪局面。那么，如何培养良好的社交公关能力呢？

新农村经纪人可以从以下几个方面入手：

(1)真诚待人，利义并重。真诚待人，是做人的基本原则。在此基础上，注重利与义的结合。作为经纪人而言，单纯突出某一个方面，都是不恰当的。

(2)随机应变，灵活把握。市场是变化的，社会是进步的。新农村经纪人面对变化的局面，必须讲究灵活，注意策略，具体问题具体分析。应变力是指及时处理偶然事件的能力。新农村经纪人在经营过程中,要受到各种因素的制约,随时都会有偶发事件的发生。提高应变能力就要求新农村经纪人应该灵敏掌握信息反馈,及时处理不测事件,使经营活动或朝着既定目标继续发展,或果断刹车、改变目标,提出新的要求。

(3)知晓公关知识,掌握社交技巧。经纪人应适当运用新闻宣传、广告宣传和实物宣传等公关手段;注重礼节,注意个人的仪容仪表;举止得当,语言规范。在与人交往的过程中,做到以理服人、以情动人,形成一个畅通的社交渠道。

六、表达能力

表达能力包括书面和口头两方面的表达才能。书面表达能力是指以文字、纸张、书写表达的才能。口头表达能力是指以语言、声音、语调表达的才能。为提高表达能力,要求新农村经纪人不仅有口才,而且要有文才。一是要多练习。在为买卖双方牵线搭桥时,提高书写居间合同等文字水平,以及接待、应酬的说话水平。二是要多总结。对每一次中介服务成功后,认真总结积累文才、口才的经验。三是拜师学艺。认真向有经验、有成就的经纪人员学习他们的文才和口才。

七、谈判能力

谈判能力是指双方或三方通过书面、语言沟通,使事态向双方能接受的意见和行为发展的才能。为提高谈判能力,新农村经纪人要善于控制自己的情绪,要善于分析信息、掌握时机、运用技艺,驾驭事态发展的方向。

八、忍耐力

忍耐力是指对意外的困难和挫折的忍受的潜能。为加大忍耐力就要求新农村经纪人要有耐心和等待的能力;对环境变化自身适应的能力,与交往对象的沟通以及谈判的进程不可操之过急;要求在沟通过程中有涵养、有毅力;要求在处理意外困难和挫折时有智慧,表现出一种临危不惧的情操。

九、幽默能力

幽默能力是以一种愉悦的方式让别人获得精神上的快感的才能。幽默能力绝不仅仅是博人一笑，它能润滑人际关系，去除忧虑愁闷，提高生活情趣。为要提高幽默能力，新农村经纪人要有随机应变的方法，诸如开个玩笑，渗出点幽默，消除误解，疏通阻碍，巧妙摆脱困境。要学会肢体语言，一个善意的手势，比义正词严的争论要有效得多。

第四节　怎样成为一名合格的新农村经纪人

尽管现在农村经纪人的概念已经逐渐深入到大家的心里，但是有很多被称为"农村经纪人"的农民朋友，还不具备真正的"经纪人"的条件，甚至没有取得合法的身份，所以他们的经纪行为经常受阻，既领不到税票，也不能与农民和经营者签订合同。作为一个合格新农村经纪人，要具备经纪人资格证书、营业执照、经营场所和一定的资金量等，这样一些"硬件"条件；还要具有捕捉市场信息的意识和技巧、市场营销的基本知识、对相关法律法规的了解等，这样一些"软件"条件。"硬件"是必不可少的；"软件"是可以通过学习来提高和弥补的。

取得了经纪人资格证书、营业执照，就从根本上解决了经纪人名不正言不顺的问题。根据《经纪人管理办法》第六条——申请从事经纪活动人员必须具备以下条件：具有完全民事行为能力；具有从事经纪活动所需要的知识和技能；有固定的住所；掌握国家有关的法律、法规和政策；申请经纪资格之前连续三年没有犯罪和经济违法行为。具备以上条件的人员，还要经工商行政管理机关考核批准。

经纪人培训考核发证由县以上工商行政管理机关组织实施，也可以委托有关单位进行。培训考核的内容为从事经纪活动所需要的知识和技能以及有关法律、法规、职业道德等。经培训考核合格发给证明，凭考核合格证明，向发照的工商行政管理机关申请，经核准后发给“经纪人资格证书”。拿到了“经纪人资格证书”不等于就是合法的经纪人，还需要申请个体工商户营业执照。根据《经纪人管理办法》第十一条——符合下列条件的人员，可以申请领取个体工商户营业执照，成为个体经纪人：有固定的业务场所；有一定的资金；取得经纪资格证书；有一定的从业经验；符合《城乡个体工商户管理暂行条例》的其他规定。

要想成为一个个体的经纪人，首先要通过县以上工商行政管理机关组织实施的、或者由县以上工商行政管理机关委托有关单位进行的经纪人培训，培训考核合格后取得证明，凭考核合格证明，向发照的工商行政管理机关申请，经核准后取得“经纪人资格证书”。在取得了“经纪人资格证书”后，向工商行政管理机关申请个体工商户营业执照，拿到了“个体工商户营业执照”，就取得了合法的经纪人身份了。

值得注意的是，在《经纪人管理办法》第十一条里还明确说：个体经纪人以自己的名义从事经纪活动，并以个人全部财产承担无限责任。也就是说，如果签订的合同金额很大，而我们的经纪人没有按照合同去办，有可能会倾家荡产来赔偿对方的损失，所以，各位经纪人，一定要认真学习相关的法律知识、看清楚合同的条款，不要随意的签订合同。

一般来讲，经纪人要很熟悉这样一些法规：《经纪人管理办法》《合同法》《反不正当竞争法》《消费者权益保护法》，以及其他有关的法律法规和规章。而且经纪人在开展业务中，不得有下列行为：

（1）不许在明知委托人或合同他方没有履约能力时，为其进行经纪。

（2）不许故意提供不实信息或虚构信息，损害合同各方的利益。

（3）不许采取胁迫、商业贿赂等非法手段。

（4）不许与合同一方串通，损害合同另一方利益。

（5）经纪人不得使用非经纪专用发票。

第三章　新农村纪人应具备的基础知识

第一节　新农村经纪人的知识修养

新农村经纪人必须具备勤奋不息的好学精神。随着科学技术的迅猛发展,知识更新的速度还会不断加快,新产品及其新的应用领域还会不断扩大,即使是受过大学本科教育的新农村经纪人,在不断更新的产品与消费观念急速转变的买卖双方之间,也可能会有产生茫然的一刻。要解决这一矛盾,就要勤奋学习,以掌握新知识、新思想和新方法。新农村经纪人应具备的文化知识素质有以下几方面。

一、经济学的有关知识修养

新农村经纪人是为农村商品经济服务的,是发展商品经济的产物,其经营范围和有效作用必然受商品经济发展的制约。要掌握农业经济学、农业管理学、农业商品经济学、农产品价格学、农村市场经营学、农产品市场预测学、农产品商品技术学等知识。这是做好新农村经纪人的基础。

二、心理学的有关知识修养

心理学是研究人的心理规律,即认识、情感、意志等心理过程和能力、性格等特征的规律的学科。要掌握社会心理学、发展心理学、管理心理学、消费心理学、农民心理学等知识。这是做好买卖双方心理沟通的重要工具。

三、农村社会学的有关知识修养

农村社会学是从农村社会整体出发,通过社会关系和社会行为来研究农村社会的结构、功能、发生、发展规律的学科。农村社会学以社会调查研究为研究方法,强调社会调查和经验证明,重视数量分析。社会调查研究方法,是人们观察和分析问题的行之有效的手段。若掌握了农村社会学的精义,新农村经纪人在从事业务或社会生活中就会如鱼得水。

四、法律方面的有关知识修养

在现代社会中,人们的任何社会活动都不能超越国家法律的限制。法律是指导人们行为的基本准则。作为一名新农村经纪人,在中介交往中和其他社会交往中,必须具备一定的法律知识,才能使工作卓有成效。一般包括民法、专利法、商标法、经济合同法、税法等。随着国家经济体制的改革深入发展,规范经纪人的法规,如《民间法》《交易所法》也将颁布。新农村经纪人将依法从事经营业务,依法纳税,依法交费。

五、农村企业公共关系学的相关知识修养

农村企业公共关系学是一门现代管理科学,它是指农村企业为塑造良好形象,有计划、有步骤地与内部公众和外部公众沟通的学科。企业良好形象能为企业带来无穷无尽的效益。新农村经纪人在经营活动中,势必与农村社会各方面发生广泛的联系,掌握农村企业公共关系知识,有了一定公共关系实务和技巧,将有助于塑造经纪人企业的良好形象;有助于了解买卖双方的观点、意见,以及自我判断的形成,从而达到经纪业务进行过程的科学化。能够把握客观环境和形式,尽快掌握说明教育客户的方法。

六、其他科学文化知识修养

广博的科学文化知识是一名成功的新农村经纪人不可或缺的素质。新农村经纪人如果知识范围广博,内容丰富,语言流畅,分析深刻,就会提高他在买卖双方心目中的地位,从而提高知名度、信誉度、美誉度。

七、人际交往的相关知识修养

新农村经纪人的工作性质、待业特点决定了其必须进行广泛的大量的人际交往。在人际交往中交流信息和感情，促进事业的成功与生活的和谐。人际交往知识包括：仪容服饰、日常交往礼仪、谈话、倾听、体态语与礼仪等。

第二节　新农村经纪人应具备的知识结构

作为新农村经纪人来讲，如果要在市场当中生存，更好地服务于农村经济的发展，就应该掌握一定的知识，具备一定的从业素质。

一、基本知识

(一)基础知识

经纪人应具备一定的文化水准。从事农产品经纪活动起码应具备初中以上的文化程度，对相关的基本知识或常识能理解，会运用；同时还应会运用现代化的通讯工具，并以此作为一种手段去捕捉信息、传递信息，为供需双方起到沟通的作用。文化基础程度越高，对业务变化的适应能力越强，成为优秀经纪人的可能性就越大。

(二)农产品及其他相关专业知识

农村经纪人要与农产品打交道，要在市场中求发展，要和交易双方进行沟通，还时常和其他的经纪人往来，这些方面的活动要求经纪人必须具备多方面的专业知识。这些知识主要涉及如下几个方面的内容：

(1)农产品商品的基础知识。农产品涉及的范围非常广泛，而且随着市场经济的发展，农产品细分化的趋势愈加明显。作为农产品的经纪人来讲，应根据自己的实际情况有针对性地掌握自己所经纪的农产品的分布范围、品种类别、等级鉴定、市场价格、总体数量等相关内容，做到心中有数。同时，也应多了解经纪范围之外的农产品情况，抓住机会，拓宽经纪领域。

（2）与农产品相关的基本技能。从一定的意义上来说，农产品的经纪人应该是某一项农产品领域的专业人士，不仅要熟知农产品的基本含义，还要掌握一定的操作技能。比如，对某项农产品如何去分辨优劣，怎么鉴定等级，具体的质量要求指标怎么掌握。再如，农产品大多都有个保存期限问题，怎样去包装、贮藏、运输才可以使农产品保持原样，也是个很关键的问题。经纪人应掌握这些问题的处理方式，使自己的经纪工作顺利进行。

（3）财务会计知识。农村经纪人在具体的经纪活动中，不仅要核定自己的经营成本、利润等问题，而且还要给交易双方做些涉及农产品成本、利润等相应的咨询服务，掌握财务会计知识是必要的。而且，作为经纪人来说，学好会计知识，有助于自己理财能力的提高。

（4）经营管理知识。经纪人虽然提供的是中介服务，但整个经纪活动中蕴涵着丰富的经营管理思想。经纪活动不是简单地联系农产品供需双方，而是一系列的经营活动。在这个经营活动中，需要经纪人了解市场需求，掌握农产品的采购、销售的若干方法；能根据实际情况对农产品发展趋势作出合理的判断与预测；对农产品成本作出正确的核算。从经纪人本身的发展着眼，如何运作整个经纪队伍，同样需要经营管理知识的帮助。

（5）经济地理知识。农产品地域性很强，而且我国幅员辽阔，农产品种类丰富多样。作为农产品的经纪人，应该多掌握农产品的分布概况、具体产地、交通状况等基本地理知识。必要的时候，还要对国外相关的农产品分布情况加以了解和熟悉，以扩大经纪空间。

（6）相关法律知识。在社会主义市场经济体制下，需要用法律、法规来规范、约束市场主体的经济活动。农村经纪人同样要依法进行活动。精通政策和法律、法规，使自己的中介活动合理、合法，不仅能很好地完成委托人交给的任务，而且也可以运用法律武器保护自己的合法权益。

(7)信息技术应用知识。在信息社会,掌握信息是非常重要的,能熟练地运用获取信息的工具同样也很重要。农村经纪人通常居住在乡村,信息传递时常有一定的困难。所以,经纪人必须要克服不利的客观条件,不断学习掌握现代信息技术知识及手段,使自己在最有利的时间内掌握最新的信息,这样,才可能走在市场的前面。

另外,作为农村经纪人,还应根据本行业经纪项目的特点,了解相关的安全卫生知识,使自己经纪的农产品符合食用、使用的标准;能正确地运用相关的工具,防止意外事故的发生。

二、其他辅助知识

(一)公关知识

农村经纪人要和各方面、不同层次、不同地域的客户联系,因此,只有掌握了必要的公关知识,才可能同各种人员建立密切联系,更多地了解人们的需求,使经纪活动的质量更高、更好。应该说,很好地运用公关知识是成功必备的手段。

(二)谈判知识

在市场经济活动中,谈判是不可缺少的一项内容。经纪人在经纪业务时,也需要用谈判的手段来解决诸多的问题和争端。通晓谈判程序、掌握高超的谈判技巧对于一个新农村经纪人来讲,是至关重要的。

(三)信息知识

对于农村经纪人来讲,进行经营的资本就是可靠的信息,经纪人和客户之间实际上交换的是信息商品和咨询服务。信息的价值和质量是决定经纪收益的重要因素。所以,信息知识是必须要掌握的内容。农产品有时间上的限制、地域上的差别、价格上的多变,做到及时、准确地了解各方面的信息尤为重要。农村经纪人可以通过接触各种媒体、查阅文献资料、调查了解实际情况、咨询相关部门等方式来获取信息。

此外，新农民经纪人还要多加强对语言的学习，熟知各地的方言、忌语、风俗习惯等。必要的时候，应学会外语，发展更为广泛的经纪地域。

第三节　新农村经纪人技能和知识标准

一、市场信息采集与分析

①市场信息采集。能采集所经营的农产品市场信息、所经营农产品的产量、品质及供求状况。

②市场分析。能对采集的市场信息进行初步分析。

二、建立客户与谈判订约

(一)建立客户

(1)能根据市场供需情况找到客户。

(2)能回答客户提出的所经营农产品的价格、质量、等级、规格等问题。

相关知识：

与客户沟通的基本技巧、所经营农产品的相关知识等。

(二)谈判订约

能以口头方式表达合作意向，了解客户的心理，具有谈判订约的常识。

三、产品鉴别及等级评定

(一)粮食品级鉴别

(1)能合理取样。

(2)能应用感官、简单工具对抽取的样品进行品种鉴别及定级。

(二)果蔬及花卉品级鉴别

(1)能对所经营果蔬及花卉分类。

(2)能合理取样。

(3)能应用感官、简单工具对抽取的果蔬及花卉样品进行品种鉴别及定级。

相关知识：

所经营的果蔬及花卉的品种、质量、等级的一般知识。

所经营果蔬及花卉的鉴别方法及规格质量标准。

无公害产品知识等。

(三)林产品品级鉴别

(1)能合理取样。

(2)能应用感官、简单工具对抽取的样品进行品种鉴别及定级。

(四)畜禽产品品级鉴别

(1)能识别病、健畜禽。

(2)能鉴别畜禽品种、肉的质量及等级。

(3)能应用感官、简单工具对抽取的畜禽副产品进行品种鉴别及定级。

相关知识：

畜禽的产地、品种、特性。

畜禽肉的质量等级标准。

主要畜禽副产品的性状、特点、鉴别方法及规格质量标准等。

(五)水产品品级鉴别

(1)能识别所经营水产品的种类。

(2)能感官判断所经营水产品的鲜活程度。

(3)能对抽取的样品进行品种鉴别及定级。

相关知识：

所经营水产品的品种、质量、等级的有关知识。

所经营水产品保鲜的一般常识。

所经营水产品的鉴别方法及规格质量标准。

所经营水产品的产地分布情况等。

（六）其他农副产品品级鉴别

（1）能合理取样。

（2）能应用感官、简单工具对抽取的样品进行品种鉴别及定级。

四、农产品贮运

（一）贮存

能对所经营的农产品进行贮存、保管和养护。

相关知识：

所经营农产品的仓贮知识。

（二）运输

能安全地将所经营农产品运送到目的地。

相关知识：

所经营农产品运输安全知识。

五、核算与结算

（一）核算

能对所经营的农产品毛利进行粗略的估算。

相关知识：

所经营农产品毛利的计算方法。

（二）结算

（1）能使用各种验钞工具，清点现金准确无误。

（2）能填制购销结算凭单。

相关知识：

伪钞的识别知识；

常用购销业务凭单的基本内容及填制方法。

第四节　新农村经纪人应具备哪些职业道德

道德的核心问题是调节人与社会的关系。道德问题分为一般道德伦理和商业伦理问题。一般道德伦理问题是指个人如何与社会和谐统一起来。通过道德修炼，既能够使个人保持完整、独立、幸福，又保障社会的稳定、和谐、有序。商业伦理问题，是指新农村经纪人调整内部和外部关系的行为规范的总和。它由善与恶、公与私、真与假、诚与伪等几种道德范畴组成，通过教育、舆论和习惯、规章等途径，规范商业从业人员的道德。“诚”与“信”是新农村经纪人首要的道德标准。

一、爱岗敬业，诚实守信

①爱岗敬业是从业人员做好本职工作所应具备的基本的思想品格，是产生乐业的思想动力。爱岗就是热爱本职工作，敬业是要用一种恭敬严肃的态度对待自己的工作。新农村经纪人应该立足经纪事业，全心投入，高度负责，不断提高对农产品知识和技能的水平，更好地为农村经济的发展服务。

②诚实守信是为人之本、从业之要。诚信是市场经济的基本规则，是我们为人处世的根本要求。作为一个人安身立命、成就事业的职业活动中，诚信同样是至关重要的从业品质。作为新农村经纪人，对交易双方应知的情况不能有所隐瞒；不能提供虚假的信息、以次充好。而对于应当保守的机密，必须严格把守。尊重委托人的利益，维护自身的信用。

二、遵纪守法，办事公道

①遵纪守法是农村经纪人正常进行经纪活动的重要保证。经纪人必须遵守职业纪律和相关的法律、法规和政策，遵守职业道德。遵守法律、法规，首先要学习相关的知识，提高对法律、政策的领会能力，并运用法律武器和政策精神维护自身的利益。

②办事公道是指人们在处理问题时，站在公正的立场，公正合理、不偏不倚。这是经纪人开展活动的根本要求。经纪人的活动，一手托着两家甚至是多家，必须公平、公正，不能偏袒其中任何的一方。在公平的前提下，还要顾及国家的利益。

三、精通业务，讲求效益

①精通业务是农村经纪人必须具备的条件。经纪人应根据所从事的业务内容，不断学习，努力钻研，全面掌握相关农产品的属性特点、鉴别方法、最新的发展状况等；能自如运用和经纪活动相联系的知识。不仅做好农产品的经纪工作，还应成为农产品的专业人士。这样，才能更好地进行经纪活动。

②讲求效益是指要依据一定的条件，以最小的投入获取较大的收益。这是经纪人进行工作的内在动力，也是维持经纪活动继续的一个保证。这就要求新农村经纪人在活动的过程中，力行节俭，搞好核算，使效益最大化。

四、服务群众，奉献社会

①服务群众是新农村经纪人进行经纪活动的宗旨。新农村经纪人大多来自人民群众，其活动直接促进了农产品的流通。只有本着为群众服务的宗旨，才能更好从事农产品的经纪活动。

②奉献社会是新农村经纪人高尚品格的体现。建立社会主义市场经济体制，需要每个社会成员的共同努力。新农村经纪人在经纪活动中，应站在一定的高度，在坚持效益的前提下，乐于奉献，为农村经济的发展出力，为社会主义社会的建设添砖加瓦。

五、规范操作，保障安全

规范操作是对新农村经纪人在经纪活动过程中的具体要求。农产品的经纪活动经常涉及农产品的加工、贮备、运输等业务，在操作过程中，应熟悉食品生产的要求、交通工具和机械设备的正确使用，注意防火、防盗，学习一些自救知识等。这样，才可能使自身和他人及整个经纪活动的安全得到保障。

第四章　新农村经纪人的市场认知与信息处理

第一节　新经纪人的执业对象——市场认知

一、市场的基本类型

市场的系统构成可以从两个方面来理解：一是从市场构成上来认识；二是从市场服务对象来认识。

（一）按市场的构成分类

市场按劳务服务范围划分，有专业性市场和综合市场；按劳务性质划分，有体力型市场和智力型市场；按劳务流通的方式划分，有即刻市场和预约市场；按劳务交易空间划分，有有形市场和无形市场。下面就其中两种分类方法做重点介绍。

1. 专业性市场和综合市场

专业性市场是以服务项目单一的中介机构为主体的市场。综合市场是多种服务项目相对集中的市场。一般来说，建立市场体系首先要从开放各类专业市场入手，在此基础上发展综合市场。目前，我国一些大中型城市已相继出现了一批综合市场。

综合市场的功能比较完善。一方面，能够提供系统的劳务中介服务；另一方面，可以汇集市场上的综合劳务信息，对劳动力供求构成及发展趋势进行预测，指导各专业市场和其他形式的劳务活动并提供咨询。此外，便于组织较大规模的综合性劳务交流活动，促成行业之间、地区之间的劳务合作，并为系统的工程承包提供交易的场所和咨询服务。

2. 体力型市场和智力型市场

体力型市场是以初级劳务活动，或者说是简单劳动为主的市场。其具体市场活动形式有:家庭服务、普通壮工流动、民间工匠流动、加工性劳务承包、一般劳务服务、劳动力调剂以及一般性技工服务等。

体力型市场是我国当前解决就业的一条重要渠道,也是某些特殊生产行业如建筑、运输、煤矿、纺织等需要大量简单劳动的行业用于调剂的重要途径。同时,允许简单劳动流通,可以克服简单劳动终身化,不利于劳动者发展的弊端,特别适应当前城镇劳动力素质不断提高的发展需要。

智力型市场主要是以高技术、高知识人才进行劳务活动为主的市场。其具体的市场形式主要有:人才流动、技工交流、技术咨询、技术承包、技术培训、技术人员兼职、星期天工程师活动等。

目前,在我国市场发展战略研究中已提出了"两头动,中间稳"的基本方针,即允许具有高技术、高知识的劳动力和简单劳动力先行流动,在此基础上再发展中间层次上的劳动力流动,最终实现完整的市场体系。

(二)按市场服务对象分类

1. 生活市场

即市场服务对象是直接为人们生活提供服务的市场,关系到人们的基本生活需要,直接地决定周围服务市场规模与市场水平发展,如餐饮店、美容美发店、洗浴店、旅店、影院、剧院等。

2. 生产市场

即市场服务对象是直接为生产和再生产过程提供有关劳务的市场,如运输、保管、包装、维修等。由于劳务服务的部门、行业或职业的性质不同,产生的服务所起的作用也就有所不同。有的服务能满足人民精神生活的需要,如艺术、旅游等;有的服务与生产过程直接发生联系,如科学技术服务直接应用于生产过程;又如商品的分类、包装和保管服务属于生产过程在流通领域的继续。这类活动是生产性的,能创造价值,计算其成果时,应计入国民收入中,其他劳动并不创造价值。

除以上两种分类方式之外，按专业、行业划分，还可分为建筑业市场、证券业市场、家政业市场；按照有没有实体划分，还分为具体的职介所和人才市场，以及网上人才市场和网上职介所。

二、我国市场的基本现状

（一）我国市场的基本特点

市场的发展是由经济发展水平和社会经济关系决定的。作为经济改革与经济发展中出现的新事物，经济发展的阶段性、经济改革的渐进性以及基本国情，使我国市场具有一些突出的特点。

1. 发展差异性

我国地域辽阔，劳动力资源相当丰富，但各地经济发展水平差异很大，因此，市场的发展状况也不一致。一般来说，经济发达地区劳动力的需求量较大，劳动力的流动性也较强，市场的发达程度较高。相反，经济欠发达地区的市场的发达程度就显得不足。所以市场的区际差异明显存在。过去在传统体制下，不仅农村富余劳动力难以流入城市，而且农村非农产业劳动力也难以流入城市。目前，农村市场虽然有所发展，但城乡两个市场的发达程度都不高，已具雏形的农村市场仍与城市市场相对独立而存在。

2. 多层次、有组织性

我国的劳务活动，从一开始就是在政府、社会和企业各种力量的参与下形成和发展起来的，随着市场的逐步建立和完善，将形成政府、社会、企业的分层劳动力管理组织机构。目前，各种劳动服务组织逐步走向规范，市场化的劳动力服务体系开始形成。主要表现为：各级政府的劳动管理部门职能转变，由过去侧重于对企业劳动用工计划的具体指标进行分配和控制转变为服务和监督，由直接行政管理转变为通过经济、法律和行政手段对市场的间接管理；各种社会力量广泛介入市场，成立各种劳动力咨询服务机构，积极从事职业介绍和就业培训服务；企业劳动管理部门从原来听命于上级的状态下解放出来，使企业的劳动力资源的使用直接与生产经营的实际相联系，不仅通过市场解决本企业的劳动力吐纳，还通过企业内劳动力的市场化管理搞活了企业劳动制度。一些有条件的企业还把市场经营作为一种新的产业进行尝试，为扩大社会劳动力的流动，加快市场的建立开通了一条新的路径。

3. 相对独立性

市场是重要的生产要素市场，但又区别于其他生产资料市场。原因在于市场有区别于物质资料市场的独立性。虽然劳动力作为一种生产要素，可以进行市场交易，而且具有很强流动性，但由于劳动力的交易涉及重大的非市场化因素，反映某种特定的社会经济关系，社会的、政治的、文化和意识形态的因素都可能对市场的交易产生影响。当市场受经济波动影响较大时，非经济因素就可能对市场秩序和劳动者的利益进行保护。

4. 适度流动性

劳动力是比其他生产资料流动性更强的生产要素。劳动力资源是以劳动者个人所有的形式存在的，其可流动的最小经纪规模往往是以劳动者个体的形式出现，这就为劳动力的流动创造了最基本的条件。另外，劳动者还可以通过不断学习，更新自己的知识结构和专业技能，提高自己对职业变化的适应性，从而可以降低劳动力资源的专用性，进一步扫清劳动力流动的实际障碍。所以，劳动力成为整个市场体系中流动性最强的资源。但目前由于全国统一的市场还未形成，劳动力的流动仍存在许多体制上的障碍或实际困难，因此，劳动力资源流动还不可能是充分流动，而只能是一种适度流动。

5. 体系综合性

经济发展水平和社会生活多方面因素决定我国现阶段市场不存在一个整齐划一的标准模式，而是一个由多种市场模式组成的综合体系。综合体系内各类市场的发育水平很不相同，经济发展水平不同的地区市场发展水平差异很大，同一地区不同行业、不同企业间的市场发育水平很不相同，各种专门化人才市场的发育水平也很不相同。

(二)我国农村市场日趋繁荣

劳动力的自由流动实现了劳动力的最大价值,最大限度地获得了自己的劳动所得。

我国农村富余劳动力的转移,提高了农民收入,减轻了农村土地承受的压力,并给农村带回了资金、技术、观念、人才,繁荣了农村市场。据统计,2010 年我国共有 2.3 亿农民工,外出打工农民工有 1.5 亿。在农村劳动力大量涌进城镇务工、经商的同时,城镇居民也进入农村从事高产、优质、高效的种养业及农产品加工销售等行业,从而给农村带来了先进的技术、市场经营管理经验、产业基础,大大改善了农村经济环境。这些无疑为农村市场发展带来了商机。

第二节 新农村经纪人的信息获取和传递渠道

一、运用现代通信技术

电话是新农村经纪人最为常用的现代通信方式。电话对经纪人就如同手术刀对外科医生一样,是经纪人个性的延伸。作为现代农村经纪人,应能自如地使用电话了解市场的行情和动态,传达自己的思想和行为,发布自己的信息。从电话访谈得到信息是现代经纪人最常用、最经济、最有效的方法。如果你很内向,不喜欢与人交谈,那么你一开始就处于极大的劣势。不过不用泄气,其实打电话时对方看不到你,你完全不用紧张,只需要专注地找问题的答案就行。明白这个道理,可以帮助你克服内向和紧张,逐步树立自信。这里,我们对经纪人进行电话访谈的技巧作一介绍。电话访谈大体分为准备阶段、初步接触、电话访谈和整理结果四个步骤。

(一)准备阶段

高效使用电话的准备工作有两种形式:首先,通过各种方法查询，了解你该给谁打电话；其次，如何通过电话了解客户的背景资料，确定问什么问题。同时还要注意以下几点：

1. 消除怕给陌生人打电话的顾虑

当经纪人开始某项业务时，有时看似能提供信息的人往往毫无用处，还浪费时间。有时，你在无计可施的时候试着拨通的电话，却是一座真正的“金矿”。所以在实际工作中，经纪人应该消除“给陌生人打电话不可行”的观念，应善于通过电话寻找经纪对象。

2. 把握机会

虽然你并不是每次都能与想要咨询的人通话，但与你通话的秘书或者同事往往会帮你找。所以，对方愿意接话就是入门的机会。因为这些人可能对你的询问有帮助。一般来讲，部门级别越高，越可能遇到疑心重重和不肯合作的人。

3. 找电话访谈的对象

找好对象是做好电话访谈的前提。找电话访谈的对象有多种途径，通常从哪儿获得信息，就从哪儿找访谈的对象。你可以运用计算机上网检索，也可以查找相关的书报杂志，还可以向有关单位问询。新农村经纪人要根据自己的实际，找自己最容易、最便捷的途径和方法查找信息源。

4. 认真审核信息索引

审核信息索引有时会有意外的收获。输入要查寻的题目，往往你会获得新的发现，并促使你拿起电话进一步探询。解决这类问题的方法很多，经纪人的想象力是解决“谁会知道”这个问题的钥匙，是电话访谈成功的关键。

5. 合理安排

准备阶段的最后一步是确定你要给谁打电话，以及你要问什么问题。当你打第一个电话时，往往一条信息源会引出另外几条信息源。每打一个电话，就要把某人的姓名、地址和电话号码单独列在一张纸上，在同一张纸上列出你要咨询的主要问题。问题之间要留出足够的空隙以记录答案,不要用纸的背面,因为这样容易看漏。

6. 可否录音

使用设备要提前准备,最好使用电话耳机,这样可以腾出手来做记录。如果使用录音机就更方便,你就不会担心是否准确地记录了信息源的答案。这样就可以专注于谈话中互相交换意见,真正倾听对方在说些什么并作出反应,然后提出问题。但要注意的是,从严格意义上说,电话录音有的地方是不合法的,因此最好要征得对方的同意。

(二)初步接触

进入第二步,即打电话阶段时,会出现许多种情况。最好的情况是,只打第一个电话就找到要找的人,而且谈话提供了你需要的所有信息,但这种情况是不多见的。通常你会遇到他们在听完你的要求后会说:“这事由谁负责”,或者类似这样的话。假如你知道你打电话咨询人的名字,应该尽量避免给其上级机构打电话时说出该人的名字。同时还要注意以下几点:

1. 如何充分利用询问者

打电话遇到接话人询问时,应尽量简要地说出自己需要了解的问题。这很重要,一定要引起他对你正在找的信息源的兴趣。如果询问者表示有帮忙的意向,就不要轻易放过。因为许多基层工作人员往往对某一问题知道很多,还有可能询问者正是信息的创作者,却不为人所知。如果你只想知道某个人独有的见解和分析,那你还应该进一步同本人联系。

2. 访谈技巧

如果询问者对你需要的某一问题的更多信息表示能够帮忙,你就要抓住机会,提出你需要深入了解的信息。你提出问题后要专心倾听对方的谈话,等到对方无话可说时,再问下一个问题。在对方思考如何回答问题而沉默时,你不要打断对方,以免使对方感到不舒服,也不要急于提问下一个问题,你可以把问题暂时记在一张纸上，等谈话再次中断时再提出来。

无论同你谈话的是询问者还是目标信息源，都不要忘记赞扬对方，夸奖他所做的工作。如果有人推荐你采访有声望的专家，你别忘了向这位专家提及推荐者的名字，永远不要忘记帮你忙的人。

3. 找同盟者

访谈中不是所有的询问者都是掌握信息的金矿，但你不要立即把他们打发掉，一般询问者对你的咨询不会不耐烦地把你打发掉；如果你很有风度，不把询问者当作挡路石，你可能会听到这样的话："某某女士不再负责此事，你要找的人是某某先生，请稍等，我给他打个电话。"这时，这位询问者就成了你的拥护者。你给某某先生打的电话已经得到了询问者的介绍和同意。这要比你直接打电话给某某先生更有可能得到帮助。

4. 在进行电话访谈时，关键是把握机会

在电话访谈中，你会发现最开始的几个电话最难打，这是因为在起步阶段可能没有人"推荐你信息"。但你可以通过查寻信息源写过什么文章，然后说："我刚刚读过某某先生刊登在某刊物上的文章，我想向他咨询几个问题"，从而巧妙地控制住局面，那么，接话人通常马上会为你接通信息源的电话。

5. 等候回电，赢得对方的好感

有可能几个信息源都想和你交流，但偏偏你电话打得不是时候。在这种情况下，你要询问他们时，会有几个人不知在什么时候会给你回电话，长时间的占线，会影响客户的情绪。

所以，在有条件的情况下，可以在两条电话线都装上留言装置，并使用"转线"服务，那么就可以及时接收多方的来电信息。

（三）电话访谈

当你已经通过了询问，电话另一端正是你要咨询的信息源。用什么方法取得访谈成功就十分重要。一般访谈时，开头是问候，接着是切入问题的实质，结尾是礼貌地道别。每一部分都很重要，但最重要的是问候部分。在电话上与人交谈同亲自拜访某人一样，第一印象相当重要。因此要取得访谈成功要注意以下几点：

1. 给人留下美好的第一印象

如何给人留下最好的第一印象，很简单的就是展现出你的个性。首先要树立自信，说话要有礼貌，令人有亲切感。

其次，你需要一直站在被咨询者的立场考虑问题。一般在谈话的前几分钟，信息源会想知道你到底是谁，你想要什么，为什么要它，你会不会问一些我不能解答的问题令我难堪？你会不会用我的名字给我惹来麻烦？谈话要占用我多少时间……

2. 消除信息源的顾虑

由于信息源会对你有诸多疑问，你要为对方着想，尽一切努力使他们消除顾虑，不要占用别人太多时间。你的目的是寻求解决你遇到的难题，不要“我”字当天，永远牢记信息源是在帮你的忙。

消除信息源顾虑的最好方法是自我介绍，如果对方并没有问及，不必主动提供更多的信息，但要诚实，因为信誉对于经纪人来说是最重要的。自我介绍的方式通常由调查内容决定。

3. 保护客户的身份

如果保护客户的身份十分重要，你就不能泄露他的身份。要是信息源一再追问，你就必须结束话题。除非事先得到客户的允许，否则你就不能告诉任何人你在为谁工作。

4. 遭到拒绝怎么办

访谈时，有些信息源会耍些手腕，说他们只跟当事人谈，不接待中间人。他们这样说只是为了听听你的反应。一旦信息源拒绝了你，你要巧妙地坚持和对方交谈，彬彬有礼地“纠缠”下去。让他们继续说下去并不会给你带来任何伤害。人们的观点总是在变，他们继续说下去便提供了使他们改变主意的时间。

需要牢记的另一件事是，所有同你谈话的人都是你潜在的客户。信息源经常会对你做的事产生兴趣。这样的话，你可能最终会把你的业务宣传到他们那里。

5. 顺其自然

假设你已经克服了所有的障碍,信息源已经说:“好的,你想知道什么?”你就从准备好的第一个问题开始提问。但当你已经得到了你所需的信息后,信息源却还在兴致勃勃地谈着,此时,你必须记住电话访谈的一条基本原则:永远不要打断信息源的谈话,你可以有自己的安排,有自己想问的问题。但只要信息源愿意,就让他一直说下去,要知道他滔滔不绝地讲,经常就会提到你从没想过或考虑过的某个人或某件事。当出现这种情况时,不要盲目地扯出第二个问题,要认真地倾听信息源到底在说什么,并参与他的谈话,真正地进行交谈,对别人说过的话作出反应,并接着别人的话题说。作为一名熟练的经纪人,应巧妙地把谈话拉回到你想问的问题上。信息源不会发觉你已经列出了一个“必须回答”的问题,相反,他们会感到他们愉快地就自己的专长发表了看法。

6. 结尾

当谈话很自然地接近尾声时,你可以考虑说:“我问的问题都谈到了,还有什么我忘记问了吗?”这会给信息源提供最后一次补充自己忽略的观点的机会。有时,他还指出你应该查询的其他人或相关信息。实际上,如果没有再出现其他人或有用的社会关系,你还可以进一步追问:“您还能告诉我其他这方面的信息源吗?”这样做也不会伤害对方。

在访谈即将结束时,把你最好的一面表现出来。你要感谢信息源的合作,指出谈话令你很愉快。总结信息源曾答应给你寄其他信息的诺言。暗示对方可以把信息传真过去或告诉你邮编、地址,并强调你需要的迫切性,然后说“再见”。

(四)整理结果

最后一步可能也是最重要的一步。你已经挂上了电话,要及时检查、注释和扩充笔记,因为此时是信息源的观点在你的头脑中最清晰的时刻,你要利用这个时间检查笔记,尽量完整地抓住刚才谈话时的有关观点。特别是不允许录音时,及时整理笔记就更重要了。但即便允许录音,这样做也会使你发现没有记录下来的想法。过几天后,当你不得不回头来整理笔记为客户准备报告时,你就会庆幸自己当时这么做了。因此,从长远看,现在吃点苦,总结访谈内容比秋后再算账要容易得多。

最后,你会考虑给信息源写一封感谢信。无论你写什么,都会给人留下好印象。但不要多写,两三行象征性的表示感谢的话就足够了。如果时机合适,还可以随信附上你的信息。

二、运用信息网络

我国信息科学发展很快,各行各业都十分重视信息资源开发利用与实现行业信息化。人们都已经认识到:谁掌握了最新的信息,谁就拿到了通往成功大门的钥匙。网络为经纪人提供了无限广阔的平台,是新农村经纪人的必然选择,也是新农村经纪人由传统经纪转向现代化经纪的强有力的手段。

首先,计算机网络是开展经纪活动十分便捷、经济的媒介。经纪人最基本的职能是商品交易的中介。在商品供大于求的情况下,一个商品的推介往往要找多个需求者;同样,在商品供小于求的情况下,为满足一个商品需求者往往要找多个该产品的提供者,中介才有成功的可能。因此,经纪人既要广泛了解商品的生产者、提供者,还要了解商品的需求者;既要广泛深入了解商品的性价,还要了解消费者的需求。寻求经纪对象,靠落后的方式方法很难扩大经纪范围,因此,新农村经纪人要善于借助于计算机网络,延伸自己的视觉、听觉和感觉,了解更大的世界,也让更多的人了解自己。

其次,依靠计算机网络可以扩大经纪范围。经纪人所有的经纪业务都是源于信息,信息来源越广泛,获得经纪机会的概率也就越大。新农村经纪人如果不掌握通过信息网络收集信息的方法,靠道听途说,经纪范围就十分有限,而网络随时都可以了解各地的市场信息,随时随地都可以与五湖四海的客户取得联系,可以及时了解顾客对经纪服务的要求,并且了解自己的服务是否满足了顾客的要求,快速对顾客的要求作出反应。通过网络对话,一方面可以直接寻找经纪对象,另一方面通过顾客帮忙,寻求经纪机会。

最后,先知先觉,占领先机。市场千变万化,并且存在时间差和地域差,市场变化和差异给经纪人提供了经纪机会。谁先占有这些信息,谁就取得经纪的主动权。先知先觉,抓住机遇,占领先机,及时果断行纪,是取得成功的关键。而计算机网络包容的信息量较大,针对性较强,发布信息便捷,是经纪人行纪的有力支持。在信息社会里,不会运用计算机网络,经纪人是难以适应现代经纪的需要的。

三、电子商务的应用

所谓电子商务,就是将现代信息技术带入服务领域、商品流通领域、产品生产领域,使服务、商品流通、产品生产等发生理念上的变化,从而使这一技术发展到了相互配合、相辅相成的整体应用,使商务领域的电子化得以实施和扩展,这就是电子商务,在国际贸易中用EO表示。

(一)电子商务的作用

(1)电子商务可使农村经纪人增加客户,扩大经纪业务。新农村经纪人通过设立网站,可以扩大视野,快捷招引远近客户,增加经纪对象和经纪机会,扩大自己的经纪范围。通过电子商务交易,可以使企业、农户和经纪人突破原有的贸易方式和范围,不断扩大自己顾客的领域,实现身不离家就可以无边界地开展经纪活动,广泛寻找自己的交易对象,并能够通过电子商务贸易,树立自己的形象,赢得顾客的信赖,有利于经纪业自身的发展。

(2)电子商务可使商品交易成本降低,提高效率。经纪人要谋求发展,必须千方百计地降低经纪成本。这样经纪人就可以给客户更多的让利,从而吸引更多的客户。同时,方便快捷的电子工具替代落后的通信联络方式,还大大提高了经纪效率。

(3)电子商务有助于提升经纪能力和水平。随着电子商务的发展,特别是互联网、综合业务数字网络、多媒体通信技术的广泛应用,经纪人通过创建自己应用的网络工具,收集信息资源,建立动态数据库,以便对市场动态、竞争对手等进行科学分析,使每个人工作的能力和水平大幅度提高，从而给经纪策划提供强有力的支持。

电子商务对经纪人来说固然能带来美好的前景。但也存在资金不足，技术水平不高，缺乏必要的技术支持，缺乏人力资源，技术力量不足，有关电子商务交易的法规和标准还不完善等问题。特别是没有一套较为完善和合理的交易标准以及法规的约束，使电子商务的安全性和保证性受到影响。

（二）电子行纪的步骤

1. 经纪人上网宣传

农村经纪人要想真正实现电子经纪，上网是必要前提。它必须借助于互联网的广泛性，使经纪人的信息能及时准确地传播到互联网的各个角落，从而最大限度宣传自己。经纪人可以在ISP或网址搜索工具中留下链接网址，以帮助经纪对象进入。只有让经纪对象真正知道了经纪人的网址，才能为经纪人与顾客间的网上信息传递打开大门。与此同时，经纪人还应不断更新自己网站的信息内容，增添新的信息，并采取独特的设计方式，尽量吸引客户的注意，保持消费者经常访问。只有不断及时提供经纪新信息，才不会被网友遗忘。

2. 网上收集市场信息

经纪人只有通过收集大量的市场信息，剖析市场行情的变化，发现供需双方需求动向，才能使经纪活动有的放矢，保证行纪正常运行。经纪人通常采取以下两个方式收集信息：一种是借助于专业网络的网站，把自己的调查内容放入其中，就可以在这些网站上获取信息，从而扩展调查范围，有助于从不同的上网者那里获取信息。另一种方式是在自己的网站上进行市场信息的收集，这样便有利于经纪人直接与访问者交流，增进与顾客的联系。但不论经纪人用什么方式，都是为了更好地获取市场信息，保证经纪工作的顺利进行。

3. 网上行纪

网上行纪是一种高效率、低成本的经纪方式，既让求职者感受到了求职的快捷与方便，也让用人单位减少了人力资源成本，扩大了应聘者的范围。因此，经纪人应该注重与供求双方的网上联系，及时获取有关供求过程及最终行纪的信息，以提高经纪人的经纪水平。

总之，电子行纪是农村经纪人构建电子商务过程中必不可少的环节之一。但是在目前的状况下，要通过传统和现代媒体相结合的方法，保持多层次的促销手段，并注重促进信息内容的专业有效性和专业组合性，从而使营销效果最佳。

四、怎样利用媒体传递销售信息

媒体是指向消费者传递信息的载体，例如报纸、杂志、广播、电视、户外广告、直接邮寄广告、电话、传真和网络通讯等。小规模经营的农户很少利用媒体传递信息，而大规模经营的专业户则需要利用媒体传递信息，促进产品销售。

不同的媒体的宣传效果，传播对象和传播费用都不相同，农户在选择利用媒体促销产品时，要根据目标市场的特点，选择最容易介入的媒体来传递信息，并应尽可能地降低传递费用。例如，一位经营鱼苗的农户，在该地为农民服务的报刊上刊登供应鱼苗的广告，就收到了很好的效果，当地的养鱼户纷纷上门求购，说明他选择了一个很好的媒体。有的农户为节省费用，仅仅在自己住宅附近立块广告牌，其效果就比较差。

究竟采取哪一种方法比较合适，要根据我们经营的产品特性、经纪人习惯的方式、行业里普遍采取的方式等进行选择，而且各种方式可以交替使用，最终的目的，就是使得我们的经纪人懂得用多种手段来辅助我们做好生意。

五、善于挖掘农村消费需求，制定产品推销策略

（一）差异化原则

不同的地区有不同的消费习惯和消费能力，根据这些不同采取差异化的产品策略。

（二）包装简约原则

在农村市场，任何产品包装上都要遵循“简洁、醒目、好懂、易记”的原则，在包装的外观表现上，尽量用通俗易懂、朗朗上口的文字，进行直白的品牌与功效诉求。

（三）高性价比原则

农村市场的产品应该尽量减去概念性、复杂化、高科技类的对农民来讲没有实用价值的技术与功能，将更多的心思放在如何提高产品质量与实用性上，增加符合农民需求的元素。

（四）产品多元化原则

农村消费结构、层次、需求已经多元化，消费市场在高速细分。单一的品规、品种在农村市场上缺乏竞争优势，很难在市场上长久立足。

（五）价格策略

农村消费，给人的感觉就是低价，超出农民消费心理底线的价格，一般很难被他们接受。

低价在某一消费领域竞争激烈的洗牌期，是有效的竞争利器。经纪人要深入农村市场对终端、消费者进行充分调研，在不同的地区，找到能刺激消费者，增强渠道推力，且适应自身产品系列中不同品系、不同竞争、盈利要求的价格定位组合。

（六）通路策略

新农村的消费流通体系已经逐步完善，人口居住也愈发集中。原来最多到下沉至经济较好地区的 4～5 级城镇的通路设置，就很难符合新农村市场深度分销的要求了。原来的省级代理—地级分经销—县级分销商—乡镇批发商—零售终端，或地级总经销—县级分销商—乡镇批发商—零售终端等长渠道的分销模式，无法有效达到高铺货率的要求，市场不能精耕细作。

（七）促销策略

传统农村促销手段的延续，刷墙、刷烟囱广告、深入集市、乡村的秧歌队、锣鼓队、舞狮(龙)队、表演队、放映队、大篷车等农民喜闻乐见的地方特色的推广宣传活动等,这些原有的推广手段在农村市场依然有效,但新农村市场的消费环境已经发生了很大的变化。消费群体集中化,交通便利化,渠道连锁化会让原来的推广费用更低,效率更高。

(八)促销模式的创新

新时代的农民知识教育程度大幅提高,信息接收面更广,对新事物、新观念接收更快,对产品、品牌的甄别能力增强。经纪人在进行农村市场的推广工作上,要去研究消费对象和市场环境,在传统的推广思路上加以创新,找到符合自身产品的推广模式,提高推广策略的有效性。

(九)传播组合创新

传播组合创新指的是利用有限的资源,采用巧妙的传播切入方式,选择准确的传播载体、恰当的传播时机、

合适的目标传播带(区域),达到最佳的传播效果。营销传播组合有六大件,即广告、销售促进、事件与体验、公共关系宣传、人员推销、直接营销。经纪人在农村市场的传播上,要根据自身产品特点、目标消费对象特点、目标市场营销环境实际,在六大件中找到最贴切的组合。

(十)促销手段创新

经纪人促销手段的运用要考虑到农村市场特点,贴近农村实际才能发挥出促销买赠的推动销售的作用。农村市场季节性的淡旺季之分与城市存在着的差别。农民工、城市求学的高年级学生长期在外,留守的老弱病残、妇幼的消费能力相对较弱。消费能力主要集中在中秋、春节等民间传统节日和红白喜事、生日寿宴等事件上,经纪人要了解并把握促销时机。

第五章　新农村经纪人的职业技巧

新农村经纪人在农村市场经济发展中起中介作用，牵线搭桥，穿针引线。为了保证中介经营的信誉，提高商品成交，增强委托方对经纪人的信任感，使业务获得充分的发展，农村经纪人经纪要掌握一定的技术或技巧。

包括：调查研究的技巧、牵线搭桥的技巧、接待谈判的技巧和行纪公关的技巧等。

第一节　调查研究的技巧

一、调查研究的意义

调查研究的意义：一是能得到供货方或技术成果持有者的信誉保证程度、产品质量、技术成果的可行性、产品价格或转让费、售后服务或跟踪研究的信息。二是能得到需求方的信誉程度、资金持有情况、诚信的程度。三是得到供需方的运输条件、技术消化能力等信息。

二、调查研究的内容

（一）供货方产品质量和分布的调查研究

农作物播种面积、单位面积产量和总产量。粮食作物、经济作物、蔬菜作物、饲料作物、果树林木的现状资料，可按表所列项目进行调查。

农村经纪人有了供货信息，就可以向客户提供可靠的货源。

（二）供货方或技术成果持有者的信誉保证调查

随着市场经济日趋激烈的竞争，个别企业或个人采取非法手段，生产假冒伪劣产品，蒙骗农户；或在商品质量上打折扣，以次充好;或简化售后服务手段,订货时信誓旦旦,售出后撒手不管。新农村经纪人需对供货方的历史、现状、信誉度、知名度等做到心中有数。如果发现供货人劣迹斑斑,或可疑处甚多,则宁肯不做这笔生意,也不能通过自己的中介去坑害第三方。

(三)供货方的产品质量或技术成果可行性的调查

对供货方的产品质量应对照供应的"质量标准"加以检验,如果是度量衡器具等类商品,供方须出示计量机关的证明。要查看是否有对产品的性质、使用方法、注意事项的详尽证明,对医药、食品类的商品,要请供方出示卫生机关的证明;对科技成果应查阅其可行性报告和重要试验数据,以及审批单位的印鉴。

(四)供方产品价格的调查

首先调查供方产品的性能价格比,其次调查市场上同类产品的价格比,如果价格偏高,则应在谈判中迫使对方让步。

(五)供方的售后服务调查

了解供方是否建立了售后服务系统,如果建立了还要了解该系统是否完善,服务网点分布状况,服务的方式方法及服务水平等。

(六)需方的经济实力、需求意向及思想品质的调查

新农村经纪人的服务对象是买卖双方,要促成买卖成交,需要对供货方了解,也要对需求方了解,只有这样中介服务才有针对性,交易的成功率才高,需方所需求的可能是产品,也可能是科技成果,还可能是劳动力,以及其他需求。因此要对需方的经济实力,需求的方向和意向,以及诚实的程度等进行调查。

三、调查方法

搜集和开发利用市场信息是新农村经纪人搞好经纪业务的资本。因此,新农村经纪人应从以下几个方面提高搜集市场信息的技巧。

（一）资料剪辑法

新农村经纪人应尽量订一些与业务有关的报刊、图书，把有用的信息剪裁下来，进行整理分析，有条件的人最好用电子计算机整理分析，分类存储，为经纪工作积累资料，为经纪决策提供信息支持。新农村经纪人一般要重视四类信息：一是产销地的环境信息，即社会、市场、价格动向，政府有关计划、预算、分配、财政状况的动向。二是有关技术信息，即技术水平、技术潜力、新技术前景及替代技术预测。三是有关生产者和经纪人的信息，即经营战略、生产经营体制、经营者的素质、经营能力分析。四是有关产品信息，即产品供求与竞争动向、新产品开发动向、竞争力要素等。新农村经纪人应成为“百眼巨人”，时时刻刻留心、细心琢磨各种文字媒介透露的有关信息，从中发现经纪机会。

（二）观察法

观察有关对现有商品运销成绩的评估，观察竞争对手的动向，相关产品的流向、流量、市场价格变化等；观察与自己业务有关的消费者，看看不同时间、不同地点、不同阶段有哪些不同的商品及其消费者，以及他们购销的特点，并详细记录下来，持续且有系统地记录有关产品的广告、促销等方面的活动。通过观察、比较，从中发现商机。

（三）实地勘察

在某些情况下，常常需要新农村经纪人深入实地进行勘察调查。现在有许多地方实施订单农业，有些农产品需要在农作物收获前给生产者下订单，新农村经纪人就需要到田头地块勘察，了解农作物种植面积、布局、运输距离、交通运输条件等情况，以便确定经纪项目和运作方法，规划经纪活动。尤其是开展国际国内大宗产品经纪业务，更要进行实地勘察。有位外国粮食贸易商，为了吃透中国粮食市场的情况，以旅游的方式多次来华搞调查，几乎跑遍了所有的大城市，详细地研究了中国的粮食市场，做成多笔大生意。美国一家公司负责市场调查的董事长深有感触地说:“市场调查中获得某些很小的情况,有可能导致一种产品的改进。”

(四)分析法

商业信息不光从报刊杂志上披露,而且还会从各种社会经济现象的变化和差异中显现。新农村经纪人要善于从变化和差异中发现商机,进而谋划经纪对策,开辟新的经纪市场空间。

农业生产与市场运行的各个环节是相互联系业务的,新农村经纪人要善于分析它们之间的内存联系,掌握其发展变化的规律,用以推导事物变化的趋势,发现经纪机会。

第二节　牵线搭桥的技巧

目标的选择:经纪活动如果没有方向目标,就很难有预期的结果,准确迅速地发现目标,朝着目标经纪,是新农村经纪人扩大经纪业务、提高经纪效率的头等大事。因此,经纪人在开展经纪业务中,应正确选择经纪对象。

一、选择经纪对象的原则

(一)合法性

国家和地方制定的各种商贸制度、法规,是发展市场经济的重要保障。新农村经纪人在经纪活动中,必须依法中介商品交易。这是农村经纪人选择与决策经纪项目必须恪守的原则。所谓合法性,一是指所经营的商品必须合法;二是指选择的经纪手段必须合法。

对于法律法规规定不允许个人经营的商品,包括:国家专控专卖的商品、假冒伪劣商品、走私商品及违禁物品,新农村经纪人就不能进行交易中介。

(二)可行性

农村需要的商品多种多样,但并不都要通过新农村经纪人的经纪活动,也不是新农村经纪人都可以包办的,况且新农村经纪人也不是事事都愿意去办。因此,经纪人在选择与决策经纪项目的时候,首先要考虑选择当事人需要经纪服务的项目;其次,考虑选择完成经纪业务有利的社会经济条件;第三,要权衡开展经纪业务的成本收益率,优先选择效益好的经纪项目。

(三)效益性

经济效益是指经纪活动中劳动耗费(投入)与报酬取得的有用劳动成果(产出)之间的比较。新农村经纪活动的基本目的是搞活农村经济,同时提高经纪人的经济效益,不断推进社会进步。经纪业务的经济效益的提高,体现为用较少的劳动耗费完成更多的商品交易中介。一般来说,新农村经纪人的个别经济效益与社会效益是一致的。

新农村经纪人个别经济效益的提高,必然表现为新农村经纪人为社会提供更多的优质中介服务,而优质的中介服务,则意味着社会再生产的顺利进行和社会效益的提高。

二、迅速准确选择对象

选择经纪对象要做到迅速,就要尽量选准。选准对象是高效经纪的保证。新农村经纪人准确选择对象应注意以下几个方面:

(一)对象要有需求

经纪对象的需求,主要指对经纪服务的需求和与新农村经纪人经纪业务、有关的产品买卖需求。

(二)经纪对象要诚实守信

新农村经纪人发现经纪对象后,别急于与其签订合同,特别是对买方,要先了解其诚信情况,是否有支付能力。确定对方诚实守信,又有支付能力后,才可以开展经纪活动。

(三)经纪对象要有决策权

在决定商品或者服务交易中,有的是决策者,也有的是影响者,还有的是传话者,更多的是使用者。新农村经纪人开展经纪活动时,一定要进行人员分析,选准对象,一般起决定作用的是单位的一把手，主管生产经营的领导；起影响作用的一般有供销业务人员、公关人员、财务人员等。对不同人员开展不同的工作，才能获得良好的效果。人脉在经纪关系中发挥着不可低估的作用，良好的人脉资源往往可以使你的经纪业务事半功倍。

第三节　接待谈判的技巧

什么是谈判？谈判是各方观点互换、感情互动、后果互利的人际交往活动的过程。谈判是一门技术，更是一门艺术与科学，它通过各方观点交流，判别各自理由，以及感情的交流和沟通，达成一个双方都能基本同意的协议。新农村经纪人的谈判也不例外，通过谈判，完成委托人交给的任务，本身获得佣金的同时，也使第三方的需求得到了满足。

下面介绍一些谈判技巧：

一、谈判前的心理准备要充分

如果把对供货方或科技成果持有者调查视为谈判前的业务准备，谈判的心理准备包括以下 3 个方面：一是要有取得谈判成功的信心。有了信心，人的整个心态就会良好，呈现在谈判桌上就是一种良好的精神状态。这不但对自己或伙伴是一种鼓舞，同时也会使谈判对手心理受到影响。二是对谈判的艰巨性要有充分的心理准备。任何谈判，对于解决问题的思路、导向及目标，一般都不会完全一致。例如，供方要价高，需方报价低等。在谈判桌上形成冲突是正常的，解决这种冲突就需要时间和耐性。因此，对谈判的艰巨性要有足够的认识，要有充足的准备。三是参加谈判前要排除其他心理因素的干扰。每一个人都生活在一个社会之中，经常受社会生活中出现的各种矛盾的困扰，在心理上易表现为焦灼不安，容易发怒；当你带着这种心态去参加谈判，就会产生一种心理上的联想。这样你就会把对方一句正常的话，一个并无恶意的手势和举动，看作是对你的挑战，从而使谈判受到不利的影响。

二、谈判的过程要遵循程序

谈判要有一定的程序，即有开端、发展、高潮、结束等。谈判时要遵循这一程序。

第一程序：谈判开端。在谈判开始前，由于双方对对方的情况并不十分摸底，心理上难免蒙上一层紧张的色彩。为了消除这种紧张的心理因素，可以从双方感兴趣的话题入手，以此为开端，尽量使整个谈判场合体现出一种轻松、愉快的气氛。待时机成熟，便可以进入谈判的内容。

第二程序：谈判发展。当双方都适应了谈判环境后，就应及时进入谈判主题。由一方先把谈判主要内容陈述一下，双方先认定谈判的重点，避免各谈各的，没有共同点，浪费时间。谈判发展过程，主要是陈述谈判要点，因此如何陈述是关键。

第三程序：谈判高潮。高潮即谈判的交锋状态。在这个阶段，双方提出的条件，双方内心的意图基本上都暴露出来了，如果掌握火候，抓住时机就能促成问题的解决。首先要善于控制自己的情绪，交锋时人的情绪容易激动，对方也许会提出无理要求，也许会在语言上无意伤人，此时新农村经纪人就要十分注意保持冷静，不急不躁，注意文明用语，显示对对方的尊敬。为了缓和气氛，调节双方紧张的心理状态，可以得体地说一两句幽默含蓄的笑谈，也可以协商暂时休会，还可以转换话题，谈一些容易解决的问题，使交锋状态顺利通过，缓和双方的矛盾，使问题得到圆满解决。

第四程序：谈判结束。谈判最终签订合同或达成协议宣告结束。谈判达成的协议，应该用文字的形式确定下来；如有必要，在签订协议书时，应请法律顾问过目，避免给以后的工作留下隐患。谈判签订的合同，应按《经济合同法》的有关条款办理。

三、八条谈判技巧

成功的谈判是提高公司利润更为便捷的方法，但很遗憾，大部分企业和销售人员似乎对每年的销售增长率或扩大市场份额有兴趣，但销售人员由于缺乏谈判技巧的培训，也无法识别客户使用的“谈判手段和诡计”，往往在涉及价格等的谈判中败下阵来。以下是销售人员最应学的八条谈判技巧：

（一）了解谈判对手

了解谈判对手愈多，在谈判中获胜的机会愈大。道理也许很简单，但如何获取想要的对手信息呢？其实销售员通过与客户交谈和提问中，就可以搜集到许多有用的信息。

①你在哪里问？如果在买主公司的办公室里提问，那是最不可能得到信息的地方。如果能请买主出去吃饭喝茶，或者打高尔夫球，他会告诉你许多在办公室里不愿告诉给你的信息。

②谁会告诉你？除了直接问买主问题以外，也许可以接触买主公司内职位低的职员；还可以通过同行那些已经同他们做过生意的人。也许你会说，谁会告诉你真相，但试一下不会对你有任何伤害吧？

③客户不愿意回答，如何问？不要怕问问题，即使你认为他不会回答，即使你认为已经知道答案，也要问，因为事情往往超出你的想象。还是那句话：只要对方没有不高兴，问问有何妨。

（二）开价一定要高于实价

也许你认为这个问题很初级，但真的有许多销售人员是怕报高价的，他们害怕在首轮谈判中就被淘汰出局而永远失去机会。如果你对报高价心存恐惧，请读读以下的理由：

①留有一定的谈判空间。你可以降价，但不能涨价。

②你可能侥幸得到这个价格（在资讯发达社会可能性愈来愈小，但试试又何妨）。

③这将提高你的产品或服务的价值（尤其是对不专业的客户）。

除非你很了解你的谈判对手，在无法了解你的谈判对手更多的情况下，开价高一定是最安全的选择。

（三）永远不要接受对方第一次开价或还价

理由一：请重温本文的销售技巧第二条。

理由二：轻易接受买主的还价导致他产生如下疑惑：“是不

是还没有到价格底线啊?”相信这样的场景已经重复了太多次:一个跟了几个月的大订单客户突然打电话给你,约你马上到公司洽谈合同事宜,你激动万分地来到对方办公大楼,卖主对你说:有三家供应商参加竞争,其实我们也没有时间跟你们谈判价格,今天董事会就要做决定,若你方能接受在 A 方报价的基础上降低 5% ,合同就是你的了,请你马上决定。销售人员求胜心切,接受对方的条件,但事情并没有朝销售人员想象的方向发展,卖主似乎把签合同的事情给忘了。”

不接受第一次出价的最好策略是用虚设上级领导做掩护。“无论买家还价是多少,我都不能接受,我得跟领导请示一下。”

(四)除非交换,决不让步

一些销售人员常犯这样的错误:为向客户表示友好,还没等对方开口,就迫不及待地把价格降下来了。

任何时候不主动让步。即使对方要求小的让步,你也应该索要一些交换条件。

理由一:你可能得到回报。

理由二:可以阻止对方无休止的要求。

(五)让步技巧

不做均等的让步(心理暗示买主让步不可能无休无止)。

不要做最后一个大的让步(买主认为:你不诚意)。

不要因为买主要求你给出最后的实价你就一下子让到谈判底限(买主会想:是不是还没有到价格底线啊)。

正确的让步方法是:逐渐缩小让步幅度,暗示你已经竭尽全力。

(六)虚设上级领导

销售员对销售经理说:“请给我更大的价格权限,我绝对可以做笔好的生意。”买主面带微笑对你说:“我猜你就是有权最终决定这个价格的人,不是吗?”你还洋洋得意。

把自己当作决策者的销售人员等于把自己置于不利地位。

聪明的谈判者不让步又给自己留余地,将苛刻的要求推给虚设领导以获取回旋余地。

不要让买家知道你要让领导做最后决定(谁会浪费时间跟你谈?)。

你的领导应该是一个模糊的实体,而不是一个具体的个人(避免买家跳过你找你的领导)。

(七)声东击西

在谈判之前,先列出一长串的要求给对方,如:价格、付款条件、订单最低量、到货时间、包装等,而且仿佛你非常在意这些问题与要求,坚持你要坚持的条件,仅对无关紧要的条件做让步,使对方增加满足感。

(八)反悔策略

你给客户的最终报价已是你的底线了,可买主还在对你软磨硬泡要求再降两个点。第二天你的上司带着你来到买主的办公室,对买主讲:"非常对不起,我们的销售员没有经验,先前的报价算错了,由于运输费用没有记入,正常的报价应当还要提高3个点。"买主暴跳如雷,大骂你们不讲信誉,不过最终生意还是成了,以先前的最终报价成交。提高3个点当然是不可能的,但买主也不再提降两个点了。

第四节 公关技巧

公关是一门艺术,新农村经纪人作为与公众交往、为公众服务的职业人,尤其需要强烈的公关意识和公关技巧。为此新农村经纪人需要在实践中加强修炼,不断提高公关能力,掌握行纪公关的技巧。下面介绍一些行纪公关艺术:

一、高雅的交际风度

新农村经纪人在业务交际中,举止要大方,风度要诱人,给人以可信的感觉,这会给新农村经纪人开展经纪活动带来很大的帮助。

(1)精神饱满。新农村经纪人在业务交际中,满面春风,精神焕发,突破乡下人“土”的世俗偏见,给人以出类拔萃、办事能成的感觉,为开展经纪活动打开门户。反之,病病歪歪,精神猥琐,会使人失去信心,从而失去与之合作的机会。

(2)口齿伶俐。语言是新农村经纪人交际的主要工具,要学会讲普通话,说话有条有理,能引起对方的兴趣,能煽动起别人请你经纪服务的需要。

(3)外表修饰得体。外表是给人的第一印象,新农村经纪人要注意外表的修饰,做到洁净、大方、得体。千万不要浓妆艳抹,搭配奇异。

(4)表情庄重。新农村经纪人与人交往,表情要与环境场合相符,表现自然大方,从容大度。避免不合时宜的奇异行为,切忌鬼鬼祟祟的表情。

(5)举止大方。新农村经纪人在经纪活动中,举止大方得体,待人热情尊重,不卑不亢。对客户平等相待,平易近人。

二、良好的形象

在公众中树立良好的形象是公关交际的重要修养,也是新农村经纪人搞好经纪活动的基础。作为新农村经纪人,在各种经纪活动中都要给人留下深刻的印象,这是一切经纪活动的开始。有了诚实守信的良好形象,有了良好的信誉,就能引来客户。但良好的形象,要以良好的素质和外在的表现为基础。它需要在实践中不断学习,不断提高。

三、社交技巧

在经纪活动中增强社交能力,能恰如其分地应用和调动各种有利因素,瞄准双方的需求和优劣势,用浓烈的感染力和亲和力的言行情感,赢取客户的心,使客户从好感到相信、相随,最终达到自己的目的,又使客户高高兴兴地成交。

第六章 经纪合同

第一节 合同的概述

一、合同的含义与形式

1. 合同的含义

合同是当事人或当事双方之间设立、变更、终止民事关系的协议。依法成立的合同,受法律保护。合同具有如下法律特征:①合同是两个或两个以上的、法律地位平等的当事人意思表示一致的协议。②合同以产生、变更或终止债权债务关系为目的。③合同是一种民事法律行为。

在合同中,一般用甲方、乙方来指代交易主体,即甲方、乙方是合同中的签约双方。一般订立合同的一方为甲方,签约对象为乙方。

2. 合同的形式

合同形式,是指当事人合意的外在表现形式,是合同内容的载体。我国《合同法》第 10 条规定:当事人订立合同,有书面形式、口头形式和其他形式。法律、行政法规规定采用书面形式的,应该采用书面形式。当事人约定采用书面形式的,应当采用书面形式。

口头形式。口头形式是指当事人双方用对话方式表达相互之间达成的协议。当事人在使用口头形式时,应注意只有及时履行的合同,才能使用口头形式,否则不宜采用这种形式。在农村土地流转合同中,只有代耕合同可以采用口头形式。

书面形式。书面形式是指当事人双方用书面方式表达相互之间通过协商一致而达成的协议。在签订书面合同时，当事人应注意，除主合同外，与主合同有关的电报、书信、图表等也是合同的组成部分，应同主合同一起妥善保管。

书面形式便于当事人履行，便于管理和监督，便于举证，是经济合同当事人使用的主要形式。

其他形式。一般是根据生活惯例或者商业惯例、交易惯例推定出来的双方之间有一种合同关系，可能既无书面的合同，甚至连口头的合同都没有，但是根据交易惯例、商业惯例，双方的行为足以证明双方之间有一种合同关系，这被认为是推定的形式、推定的合同。

二、合同生效的条件

根据《合同法》的规定，依法成立的合同，自成立时生效。合同的成立，是指双方当事人依照有关法律对合同的内容和条款进行协商并达成一致。

合同生效，是指合同产生法律上的效力，具有法律上的约束力。通常合同依法成立之际，就是合同生效之时。两者在时间上是同步的。

但是，《合同法》还规定，法律、行政法规规定应当办理批准、登记等手续生效的，合同经批准、登记后才生效。如土地承包经营权的转让必须经过集体经济组织的同意，否则即使流转双方签订了转让合同，该合同也是无效的。

合同有效成立有 5 个条件：①双方当事人应具有实施法律行为的资格和能力。如精神病患者等不具备行为能力的人，订立合同无效；租地者未经出租人同意也未经合同约定就将其租用的土地再转租出去的转租合同无效（因为租赁人没有权力将所租赁的土地再行出租）。②当事人应是在自愿的基础上达成的意思表示一致，采取欺诈、胁迫手段订立的合同无效。当前许多乡村出现的强制农民将土地流转给集体经济组织或者工商企业的行为是无效的，在此基础上签订的合同也无效。③合同的标的和内容必须合法。比如集体土地所有权买卖的合同没有法律效力;将耕地长期出租给工商企业用于非农建设(以租代征)也违反法律,因而签订的流转合同不具有法律效力。④合同双方当事人必须互为有偿,即合同必须具有互为有偿性和目的合法性。⑤合同必须符合法律规定的形式。我国合同法规定,当事人订立合同,有书面形式、口头形式和其他形式。

三、无效合同

无效合同是相对于有效合同而言的,是指合同虽然已经成立,但由于存在无效事由,故自始不具有法律约束力的合同。

无效合同具有违法性和自始无效性两个特征。所谓自始无效,就是合同从订立时起,就没有法律约束力,以后也不会转化为有效合同。由于无效合同从本质上违反了法律规定,因此国家不承认此类合同的效力。对于已经履行的,应当通过返还财产、赔偿损失等方式使当事人的财产恢复到合同订立前的状态。比如农民向城镇居民出售小产权房的合同就是无效合同,该合同自开始签订时就是无效的。

合同无效的情形:①一方以欺诈、胁迫的手段订立合同,损害国家利益。如强制村民将土地出租给企业。②恶意串通,损害国家、集体或第三人利益。如以出租的形式,将耕地出租给企业用于工商业。③以合法形式掩盖非法目的。如以发展高效农业为由,将耕地出租给城市人用于建别墅。④损害社会公众利益。⑤违反法律、行政法规的强制性规定。⑥格式条款及免责条款无效。⑦虚伪表示与隐匿行为。

四、合同的公证、鉴证、批准与登记

公证是当事人约定或者依照法律规定,以国家公证机关对合同内容加以审查公证的方式。公证机关一般均以合同的书面形式为基础,对合同内容的真实性和合法性进行审查确认后,在合同书上加盖公证印鉴,以资证明。经过公证的合同具有最可靠的证据力,当事人除有相反的证据外,不能推翻。我国法律对合同

的公证采取自愿原则。

鉴证是当事人约定或依照法律规定，通过国家合同管理机关对合同内容的真实性和合法性进行审查的方式。鉴证是国家对合同进行管理和监督的行政措施，只能由国家行政主管机关进行。鉴证的作用在于加强合同的证明，提高合同的可靠性。鉴证也采取自愿原则。

批准是指国家有关主管机关依照法律规定，对某些类别的合同进行审查批准。需要批准的合同，除应由当事人达成意思表示一致而成立外，还应将合同书及有关文件提交国家有关主管机关审查批准才能生效。

登记是指当事人约定或依照法律规定，将合同提交国家登记主管机关进行登记。登记一般常用于不动产的买卖合同。合同是否登记可由当事人自行约定，也可以由法律加以规定。

五、合同的主要条款

我国《合同法》第十二条规定，合同的内容由当事人约定，一般包括以下条款：

①当事人的名称或者姓名和住所。这是每一个合同必须具备的条款，当事人是合同的主体。合同中不仅要把应当规定的当事人都规定到合同中去，而且要把各方当事人名称或者姓名和住所都规定准确、清楚。如果是自然人就是姓名。如果是法人、非法人组织就是它的名称，包括它的法定住址。有的时候企业名称可能比较复杂，在登记时，一定按照在工商登记注册的名称来填写，不能简化，不能写别称。

②标的。标的是合同当事人双方权利和义务所共同指向的对象。它是合同成立的必要条件，是一切合同的必备条款。合同标的是多种多样的，一般有四类：一是有形财产，指具有价值和使用价值并且法律允许流通的有形物，如生产资料与生活资料、货币和有价证券等。二是无形财产，指具有价值和使用价值并且法律允许流通的不以实物形态存在的智力成果。三是劳务，指不以

有形财产体现其成果的劳动与服务，如运输合同中的运输行为，委托中的代理、行纪、居间行为等。四是工作成果，指在合同履行过程中产生的体现履约行为的有形物或无形物。

③数量。注意，在写数量时，一定要用标准的计量单位，千万不要使用比较模糊的单位，如几厘利、几垧地。否则，一旦就此产生纠纷则法院难以认定其具体所指。

④质量。不同产品或劳务的质量评价方法不同，所以要根据实际情况确定可以监控测量的质量标准。国家有强制性标准规定的，必须按照规定的标准执行。

⑤价款或者报酬。是一方当事人向对方当事人所付代价的货币支付。价款一般指对提供财产的当事人支付的货币。如果有政府定价和政府指导价的，要按照规定执行。如果总价款不是一个固定的数值，则应当在合同中规定清楚或者明确规定计算价款或者报酬的方法。

在合同中，还要说明付款方式，即是分期付款还是一次性付款，付款的具体时间或具体环节等。合同中还要注意注明总价款和单位价款，单价和总价要分别进行约定。

有些合同比较复杂，如需要支付运费等，这时需要明确这些可能发生的费用由谁负担。

⑥履行期限、地点和方式。履行期限是指合同中规定的当事人履行自己的义务，如交付标的物、价款或者报酬，履行劳务、完成工作的时间界限。履行期限可以是即时履行的，也可以是定时履行的；可以是在一定期限内履行的，也可以是分期履行的。但无论是哪种，在合同中都要进行明确的约定。

⑦违约责任。违约责任是促使当事人履行合同义务，使对方免受或少受损失的法律措施，也是保证合同履行的主要条款。违约责任在合同中非常重要，因此一般有关合同的法律对于违约责任都已经作出较为详尽的规定。但法律的规定是原则性的，即使非常细致也不可能面面俱到，难以照顾到各种合同的特殊情况。因此，当事人为了特殊的需要，为了保证合同义务被严格履行，为

了更加及时地解决合同纠纷，可以在合同中约定违约责任，如约定定金、违约金、赔偿金额或赔偿金的计算方法等。

在确定违约责任时，要分析哪些方面可能存在违约问题，并分别规定相应的违约责任。如在支付费用方面违约了怎么处理，在物品或劳务交付方面违约了怎么处理等。这样便于当事人处理违约问题。

⑧解决争议的方法。解决争议的方法指合同争议的解决途径，对合同条款发生争议时的解释以及法律适用等。合同纠纷发生后，可以通过四种途径来解决：一是用协商的方式自行解决，这是最好的方式；二是用调解的方式，由有关部门帮助解决；三是用仲裁的方式由仲裁机关解决；四是用诉讼的方式，即向人民法院提起诉讼以寻求纠纷的解决。

当事人可以约定解决争议的方法，除了通过诉讼解决争议的方式不用进行约定外，通过其他途径解决争议的都要事先或者事后约定。依照仲裁法的规定，如果选择仲裁解决争议，除非当事人的约定无效，即排除法院对其争议的管辖。但是，如果仲裁裁决有问题，可以依法申请法院撤销仲裁裁决或者申请法院不予执行。当事人选择和解、调解方式解决争议，都不能排除法院的管辖，事后当事人还可以提起诉讼。

一份严密合同的起草不是一件容易的事，尤其对于大宗的买卖。如有必要，最好请这方面的专业人员帮助起草。

六、合同的解除

合同的解除主要有三种方式：

约定解除。约定解除即当事人以合同的形式，约定一方或双方在某种条件下享有解除合同的权利。这涉及附条件合同问题。所谓附条件合同，就是指当事人在合同中特别规定一定的条件，以条件是否成立来决定合同效力的发生或消灭的合同。比如，在土地流转合同中约定，如果转出土地的一方没有找到非农工作而回家种地，则流转合同自动解除。

法定解除。即当事人依法律的规定通过行使解除权解除合同的行为。如当农户举家迁入城市以后,其所在的集体经济组织可以依法将土地承包经营权收回,原土地家庭承包经营合同也就依法解除了。

协议解除。即当事人通过协商一致而解除合同的行为,它实际上是以一个新合同解除旧合同。

第二节　农村经纪合同

一、委托合同

1. 委托合同的含义

委托合同又称委任合同,是指当事人双方约定一方委托他人处理事务(即提供一种劳务),他人同意为其处理事务的协议。在委托合同关系中,委托他人为自己处理事务的人被称为委托人,接受委托的人被称为受托人。

委托合同是诺成、非要式、双务合同。委托人与受托人在订立委托合同时,不仅委托人要有委托的意思表示,而且受托人还要有接受委托的承诺,委托合同自承诺之时起生效。委托合同建立在双方相互信任的基础上,因此,受托人必须亲自办理委托事务。委托合同可以是有偿的,也可以是无偿的。

2. 委托合同中的权利义务

委托合同中,委托人的义务主要有:

①支付费用的义务。不论委托合同是否有偿,委托人都要支付受托人为处理事务而发生的必要费用。

②负责清偿相关债务。如果受托人超越授权范围对事务进行处理,委托人对此并未明确表示反对的,则视为委托人同意,所以委托人对受托人因此产生的债务,负有偿还义务。

③当事人在委托合同中约定报酬的,委托人应当向受托人支付相应的报酬。

④赔偿损失的义务。对于受托人在处理受托事务中因不是受托人自身的原因而造成损失的，委托人要赔偿相关损失。

委托合同中，受托人的义务主要有：

①处理受托事务的义务。受托人须按照委托的指示，亲自处理或在特定情形下转委托事务的处理。受托人在处理受托事务时，如果情势发生了订立委托合同时没有预料的变化，需要变更委托人指示的，应当经委托人同意；因情况紧急，难以和委托人取得联系的，受托人应当妥善处理委托事务，但事后应当将该情况及时通知委托人。这里所说的妥善处理，是指受托人能够推定委托人如果知道出现这种情况也会允许变更指示，按其推定的指示处理事务。

经委托人同意，受托人可以转委托。转委托未经同意的，受托人应当对转委托的第三人的行为承担责任，但在紧急情况下受托人为保护委托人的利益需要转委托的除外。

②报告的义务。受托人在办理委托事务的过程中，应当根据委托人的要求，向委托人报告事务处理的进展情况、存在的问题，使委托人及时了解事务的状况。虽然委托人未请求受托人向其报告委托事务的结果，但受托人不及时报告的，也属违约行为。

③交还的义务。受托人因处理受托事务所收取的金钱、物品及其利息等财物应当交给委托人。

④损害赔偿的义务。有偿的委托合同，因受托人的过错给委托人造成损失的，受托人应负损害赔偿责任。无偿的委托合同，因受托人的故意或者重大过失给委托人造成损失的，受托人也应负损害赔偿责任。

3. 令委托合同终止的几种情况

在委托合同中，当事人双方均享有任意解除权（即不需有任何理由），均可随时解除委托合同。因解除委托合同给对方造成损失的，除是因对方自身过错造成的以外，应当赔偿其损失。

委托人或者受托人死亡、丧失民事行为能力或者破产的，委托合同终止，但当事人另有约定或者根据委托事务的性质不宜终止的除外。

4. 委托代理合同的内容

委托代理合同的内容主要由当事人约定，但合同的主要内容基本相同。一般情况下，委托代理合同应当包括以下主要内容：

①当事人的名称和住所。

②代理事项。在委托代理合同中，代理事项主要是指委托代理的具体内容，代理事项必须明确、清楚。

③代理成果与质量要求。委托代理成果一般以文件资料、书面报告等形式体现。为了满足委托人的要求，保障合同的履行，对代理成果的形式和质量的要求需要在合同中予以明确。

④代理权限范围。代理权限范围即委托代理合同中规定的授权范围，是对委托代理人行为的约束。委托代理人必须在规定的授权范围内从事代理活动，不得进行无权代理或越权代理。同时，委托人的授权范围不得超越国家有关法律的规定。

⑤代理费用的支付标准、支付方式和时间要求。代理费用是指委托人在接受委托代理人代理成果的同时付给代理人的劳务报酬。此外，还应规定代理劳务报酬的结算和支付方式及时间要求。支付方式可以为现金结算也可以转账支付。

⑥合同的履行期限和方式。履行期限直接关系到合同中权利与义务完成的时间，也是委托代理合同依法存在的效力期限，同时也是确定违约与否的因素之一。当事人应当在委托代理合同中明确约定履行期限，同时也应当在合同中明确履行合同的方式。

⑦违约责任。违约责任条款应列明当事人双方违背合同规定时所应承担的违约责任。合同中没有约定违约责任的，并不意味违约方不承担违约责任。违约方未被依法免除责任的，守约方仍然可以依法追究其违约责任。

⑧纠纷解决方式。除上述内容外，委托人和代理人还可根据不同委托代理的内容，结合委托代理的有关特征，在合同中增加有关内容。

委托代理合同样本(以承包经营权流转委托为例)

甲方(委托方):××

法定代表人身份证号:××

住所:×× 联系方式:××

乙方(受托方):××

法定代表人身份证号:××

住所:×× 联系方式:××

根据《中华人民共和国农村土地承包法》、《中华人民共和国合同法》、《中华人民共和国农村土地承包经营纠纷调解仲裁法》、《××省〈中华人民共和国农村土地承包法〉实施办法》、《农村土地承包经营权流转管理办法》等法律、法规、规章和有关政策的规定,甲方自愿将以下土地承包经营权委托乙方进行流转,经双方协商一致,特订立本协议。

(一)委托事项

1. 委托流转土地基本情况

甲方自愿将位于××乡(镇)或街道××村或社区××村民小组或居民小组的××亩承包地的承包经营权委托流转。

2. 委托流转方式

甲方委托乙方将以上土地共计××亩的承包经营权以××(转包、出租、股份合作等)方式流转他人。

3. 委托流转期限

土地承包经营权委托流转期限不得超过两轮土地承包期限剩余年限。委托流转期限为××年,自××年××月××日起至××年××月××日止。

4. 委托流转价款与支付方式

(1)甲方委托乙方按每亩每年××(现金、实物或实物折价)进行流转,全年合计××。

(2)考虑物价等因素的约定:××。

(3)支付结算方式:××。

5. 其他委托事项

甲方对委托流转土地上的树木、竹林、地上附着物等的处理约定：××；协议到期后，土地受让方因生产经营需要而投入新建的相关设施及地上附着物、土地复耕等事项的处理约定。

（二）委托权限

甲方授权乙方按照下列第××种方式行使相关权利：

1. 授权乙方与土地受让方协商流转事宜并代为签订土地流转合同，监督土地受让方履行流转合同约定。

2. 授权乙方与土地受让方协商流转事宜，由甲方直接与土地受让方签订转包、出租、股份合作合同。

（三）违约责任

1. 因变更或解除本协议而使相关当事人遭受损失的，除依法可免除责任外，应由责任方负责赔偿。

2. 如一方当事人违反本协议约定，应向守约方支付违约金××元。如果违约金尚不足以弥补守约方经济损失的，违约方应在违约金之外增加赔偿金。

3. 乙方逾期支付代收流转收益，每日按当年应支付金额的××‰承担违约金；甲方逾期交付土地，每日按当年流转收益的×担违约金。

（四）其他

1. 乙方按本协议授权范围行使相关权利。

2. 乙方超越权限流转土地对甲方或土地受让方造成损失的，由乙方承担法律责任并支付赔偿金。

3. 本协议自甲乙双方签字之日起生效。经协商，决定申请××（是或否）鉴证。未尽事宜，双方协商一致后订立补充协议，其补充协议作为本协议附件，具有同等法律效力。

4. 其他需要说明的事项：××。

5. 本协议在履行过程中发生争议，双方可以通过协商解决；协商不成或协商后又反悔的，可以请求××村民（居民）委员会、××乡(镇)人民政府或街道办事处调解;不愿协商、调解或协商、调解不成的,以及达成调解协议后又反悔的,可以向××县(市、区)农村土地承包仲裁委员会申请仲裁,也可以直接向××县(市、区)人民法院起诉。

6. 本协议一式××份,甲乙双方或鉴证机构各执一份,发包方、乡(镇)人民政府或街道办事处农村土地承包管理机构各备案一份。

甲方(签字):××

乙方(法定代表人或负责人:签字、盖章):××

××年××月××日　　　××年××月××日

二、行纪合同

1. 行纪合同的含义

行纪合同也叫信托合同,是随着信托业的发展,出现了独立从事行纪业务的行纪组织而产生的。行纪合同是指行纪人接受委托人的委托,以自己的名义,为委托人从事贸易活动,委托人支付报酬的合同。接受委托的一方为行纪人,而另一方则为委托人。如某食品厂(甲方)委托某销售公司(乙方)代销产品,乙接受甲的委托并以自己的名义代甲销售,代销价款归甲方,乙方收取代销费。在这个关系中,甲为委托人,乙为行纪人。

行纪人从事购销、寄售等活动时,并不是完全出于自身的要求,而是应委托人的要求而做,即行纪人是为委托人的利益服务。行纪人根据行纪合同规定为委托人出售或者购买的财产,如没有特别约定的,在出售前或者买进后,都应属于委托人所有,由委托人承担风险,而行纪人只享有临时占有权。在实施行纪行为过程中,非因行纪人的原因而发生的物品毁损、灭失,由委托人承担风险。

2. 在行纪合同中,行纪人的权利和义务

行纪人的权利主要有:①报酬与费用请求权。行纪人有权依照约定或者交易习惯请求报酬,其数额应由双方当事人约定;没有约定的,依照交易习惯确定。习惯上,行纪人的报酬多按交易金额的一定比率提取。②介入权。行纪人卖出或者买入具有市场定价的商品,除委托人有相反的意思表示(即委托人明确表示行纪人不能作为自己所委托商品的买方或卖方)的以外,行纪人自己可以作为买受人或者出卖人。介入权一经行使,行纪人与委托人之间即成立买卖关系。由于在这种情形下,行纪人的行为已经实现委托人的委托目的,因此行纪人仍然可以请求委托人支付报酬和费用。即你委托我给你买(或卖)东西,现在我把自己的东西卖给你或者买入你的东西,则我实现了你的委托,帮助你买(或卖)了东西,你就应当付给我报酬。③对为委托人利益而买入物品的处置权。如果委托人无故拒绝受领行纪人依照其指示所买入的物品,行纪人有权确定一定期限加以催告;委托人超过催告期限仍不受领的,行纪人可对该物品进行处置,如拍卖、提存等。同时,行纪人还可从处置该物品所得价款中优先受偿。

行纪人的义务主要有:①按照委托人的指示完成行纪行为的义务。②妥善保管委托物的义务。③负担支出费用的义务。行纪人处理委托事务支出的费用,由行纪人负担。如果当事人另有约定,则依照约定。④委托物处置的义务。如果委托物属于有瑕疵或者容易腐烂、变质的物品,为了委托人的利益,行纪人有义务将委托物及时进行处理,以避免发生不必要的损失。

3. 在行纪合同中,委托人的权利和义务

委托人的主要权利有:①委托人有权要求行纪人按照自己的指令行事。②委托人发现行纪人违反了合同约定时,有权拒绝接受因行纪人的行为所产生的任何法律后果。③委托人发现其委托的行纪人因违约行为而使财产或利益遭受损失时,有权请求赔偿。④在行纪人与第三人订立合同时,第三人知道委托人的,委托人可以介入行纪人与第三人订立的合同,以自己的名义对该合同直接享有权利、承担义务,即介入权,但行纪人与第三人另有约定的除外。

委托人的主要义务有：①支付报酬费用的义务。②及时受领或者处理委托物的义务。

行纪合同范本（GF－2000－1101）

合同编号：＿＿＿＿＿＿＿＿

行　纪　人：＿＿＿＿＿＿＿＿　签　订　地点：＿＿＿＿＿＿＿＿

委　托　人：＿＿＿＿＿＿＿＿　签　订　时　间：＿＿＿＿年＿＿＿＿月＿＿＿＿日

第一条　委托人委托行纪人买入（卖出）的货物、数量、价格：

货物名称	商标或品牌	规格型号	生产厂家	计量单位	数量	单价	金额	质量标准	包装要求
合计人民币金额（大写）：									

（注：空格如不够用，可以另接）

第二条　委托人将委托卖出的货物交付行纪人的时间、地点、方式及费用负担：＿＿＿＿＿＿＿＿＿＿＿＿

第三条　行纪人将买入的货物交付给委托人的时间、地点、方式及费用负担：＿＿＿＿＿＿＿＿＿＿＿＿

第四条　委托人与行纪人结算货款的方式、地点及期限：＿＿＿＿＿＿＿＿＿＿＿＿

第五条　报酬的计算方式及支付期限：＿＿＿＿＿＿＿＿

第六条　行纪人以高于委托人指定的价格卖出货物时，报酬

的计算方法：________________________________

行纪人以低于委托人指定的价格买入货物时，报酬的计算方法：________________________________

第七条　委托人委托行纪人处理委托事务的期限为：________________________________

第八条　本合同解除的条件：______________________

第九条　委托人未向行纪人支付报酬或货物的，行纪人（是/否）可以留置货物。

第十条　违约责任：________________________________

第十一条　合同争议的解决方式：本合同在履行过程中发生的争议，由双方当事人协商解决，也可由当地工商行政管理部门调解，协商或调解不成的，按下列第__________种方式解决：

（一）提交______________________仲裁委员会仲裁；

（二）依法向人民法院起诉。

第十二条　其他约定事项：______________________

第十三条　本合同未作规定的，按《中华人民共和国合同法》的规定执行。

委托人	行纪人	鉴（公）证意见：
委托人（章）：	行纪人（章）：	
住所：	住所：	
法定代表人：	法定代表人：	
居民身份证号码：	居民身份证号码：	
委托代理人：	委托代理人：	
电话：	电话：	鉴（公）证机关
开户银行：	开户银行：	（章）
账号：	账号：	经办人：
邮政编码：	邮政编码：	年　月　日

监制部门：　　　　　　　　　　印制单位：

三、居间合同

1. 居间合同的含义

居间合同是指当事人双方约定一方接受他方的委托，并按照他方的指示要求，为他方报告订立合同的机会或者为订约提供媒介服务，委托人给付报酬的合同。在居间合同中，接受委托报告订立合同机会或者提供交易媒介的一方为居间人，给付报酬的一方为委托人。

2. 居间合同与委托合同、行纪合同的区别

居间合同与委托合同、行纪合同既有联系，又有区别。三者均是一方受另一方委托为该另一方办理一定事务的合同，均属于提供服务的合同。三者的主要区别是：

①居间人仅为委托人报告订约机会，或者为订约媒介，并不参与委托人与相对人的权利义务关系；在委托合同中，受托人以委托人的名义和费用活动，代委托人与第三人订立合同，参与并可以决定委托人与第三人之间的关系内容，处理事务的后果直接归于委托人；在行纪合同中，行纪人以自己的名义为委托人办理交易事务，与第三人发生直接的权利义务关系，处理事务的后果是间接地而不是直接地归于委托人。

②居间合同的居间人，是为委托人提供与第三人订立合同的机会，其行为本身不具有法律意义；委托合同的受托人是按委托人的要求处理受托事务，处理的事务可以是有法律意义的事务，也可以是非法律意义的事务；行纪合同的行纪人则是按委托人的要求，从事购销、寄售等特定的法律行为，行纪人受托的事务只能是法律行为。

③居间合同都是有偿合同，但居间人只有在居间结果发生后才能请求报酬，并且在为订约媒介居间时可以从委托人和其相对人双方取得报酬，委托合同可以是无偿合同；行纪合同虽然是有偿合同，但行纪人只可以从委托人一方取得报酬。

④居间人没有将处理事务的后果移转给委托人或者进行报

告的义务，而在委托合同和行纪合同中都有委托人取得事务处理结果和事务处理报告的问题。

第三节　合同纠纷的协商

一、什么是合同纠纷的协商？

当事人自行协商解决合同纠纷，是指合同纠纷的当事人，在自愿互谅的基础上，按照国家有关法律、政策和合同的约定，通过摆事实、讲道理，以达成和解协议，自行解决合同纠纷的一种方式。

在合同履行过程中，由于各种因素的影响容易产生纠纷，面对纠纷，合同双方应当从有利于维护团结、有利于合同履行的角度出发，怀着互让、互谅的态度，争取在较短的时间内，通过协商加以解决。对于合同纠纷，尽管可以用仲裁、诉讼等方法解决，但由于这样解决不仅费时、费力、费钱财，而且也不利于团结，不利于以后的合作与往来。用协商的方式解决，程序简便、及时迅速，有利于减轻仲裁和审判机关的压力，节省仲裁、诉讼费用，有效地防止经济损失的进一步扩大。同时，也有利于增进纠纷当事人之间的友谊，有利于巩固和加强双方的协作关系，扩大往来，推动经济的发展。

二、什么是合同纠纷的调节？

合同纠纷的调解，是指双方当事人自愿在第三者（即调解的人）的主持下，在查明事实、分清是非的基础上，由第三者对纠纷双方当事人进行说明劝导，促使他们互谅互让，达成和解协议，从而解决纠纷的活动。调解有以下特征：①调解是在第三方的主持下进行的，这与双方自行和解有着明显的不同；②主持调解的第三方在调解中只是说服劝导双方当事人；③互相谅解、达成调解协议，而不是作出裁决；④调解是依据事实和法律、政策，进行合法调解，而不是不分是非、不顾法律与政策“和稀泥”。

三、什么是合同纠纷的仲裁？

仲裁也称公断。合同纠纷的仲裁，即由第三者依据双方当事人在合同中订立的仲裁条款或自愿达成的仲裁协议，按照法律规定对合同争议事项进行居中裁断，以解决合同纠纷的一种方式。仲裁是现代世界各国普遍设立的解决争议的一种法律制度。合同争议的仲裁是各国商贸活动中通行的惯例。

根据中国《仲裁法》规定，通过仲裁解决的争议事项，一般仅限于在经济、贸易、海事、运输和劳动中产生的纠纷。如果是因人身关系和与人身关系相联系的财产关系而产生的纠纷，则不能通过仲裁解决，而且依法应当由政府机关处理的行政争议，也不能通过仲裁解决。

四、什么是合同纠纷的诉讼？

诉讼是解决合同纠纷的最终形式。所谓合同纠纷诉讼是指人民法院根据合同当事人的请求，在所有诉讼参与人的参加下，审理和解决合同争议的活动，以及由此而产生的一系列法律关系的总和。它是民事诉讼的重要组成部分，是解决合同纠纷的一种重要方式。与其他解决合同纠纷的方式相比，诉讼是最有效的一种方式。之所以如此，首先是因为诉讼由国家审判机关依法进行审理裁判，最具有权威性；其次，裁判发生法律效力后，以国家强制力保证裁判的执行。

第七章　农产品经纪业务知识

第一节　农产品的分类

一、农产品的分类

1. 按加工程度分

农产品可以分为初级农产品和加工农产品。初级农产品是指种植业、畜牧业、渔业产品，不包括经过加工的产品。包括谷物、油脂、农业原料、畜禽及产品、林产品、渔产品、海产品、蔬菜、瓜果和花卉等产品。加工农产品是指必须经过某些加工环节才能食用、使用或储存的加工品，如消毒奶、分割肉、冷冻肉、食用油、饲料等。

2. 按其特殊程度分

农产品可以分为普通农产品和名优农产品。名优农产品是指由生产者志愿申请，经有关地方部门初审，经权威机构根据相关规定程序，认定生产规模大、经济效益显著、质量好、市场占有率高，已成为当地农村经济主导产业，有品牌、有明确标识的农产品。

3. 按农产品基因形成方式分

农产品可以分为转基因农产品和非转基因农产品。转基因农产品是指利用基因转移技术，即利用分子生物学的手段将某些生物的基因转移到另一些生物的基因上，进而培育出人们所需要的农产品。

4. 按传统和习惯分

一般把农产品分为粮油、果蔬及花卉、林产品、畜禽产品、水产品和其他农副产品六大类。

二、粮油农产品具体包括哪些？

粮油是对谷类、豆类、油料及其初加工品的统称。粮油产品是关系到国计民生的农产品，它不仅是人体营养和能量的主要来源，也是轻工业的主要原料，还是畜牧业和饲养业的主要饲料。按粮油植物学科属或主要性状、用途可将粮油分为原粮、成品粮、油料、油脂（食用油脂、非食用油脂）、粮油加工副产品、粮食制品和综合利用产品七大类。又可分为主粮和杂粮、粗粮和细粮、夏粮和秋粮、贸易粮、混合粮等。

我国粮食有20多种，产地分布广泛，长江流域和长江以南是稻米主产区，黄河两岸是小麦主产区，东北、内蒙古和华北地区盛产玉米、大豆和杂粮。我国利用植物种子作油料原料的有大豆、芝麻、花生仁、棉籽、菜籽、葵花籽、玉米胚等。

三、果蔬及花卉农产品具体包括哪些？

1. 蔬菜和果品

蔬菜按食用器官可分为：①根菜类，如萝卜。②茎菜类，如莴笋、竹笋、莲藕、芋头。③叶菜类，如白菜、结球甘蓝、韭菜。④果菜类，如茄子、黄瓜、菜豆。⑤花菜类，主要有黄花菜、菜花。⑥食用菌类，如香藤、木耳。

按农业生物学可分为根茎类、白菜类、盖菜类、甘蓝类、绿叶菜类、葱蒜类、茄果类、瓜类、豆类、水生菜类、多年生菜类和食用菌类12类。

果品按果实构造可分为：①仁果类，如苹果、梨、山楂。②核果类，如桃、枣。③浆果类，如葡萄、香蕉。④坚果类，如核桃、板栗。⑤柑橘类，如柑、橘、甜橙、柚、柠檬。⑥复果类，如菠萝、菠萝蜜、面包果。⑦瓜类，主要指甜瓜、西瓜。

按商业经营习惯，果品可分为鲜果、干果、瓜类以及它们的制品四大类。

2. 花卉

根据花卉的形态特征和生长习性可分为草本花卉、木本花卉、多肉类植物、水生类花卉和草坪类植物。①草本花卉可分为一年生草花（如一串红、鸡冠花等）、二年生草花（如金鱼草、石竹等）、多年生草花（如菊花、荷花等）。②木本花卉可分为乔木花卉（如梅花、白玉兰等）、灌木花卉（如月季、牡丹等）、藤本花卉（如凌霄、紫藤等。③多肉类花卉常见的有仙人掌科的昙花等。④水生类花卉常见的有荷花等。⑤草坪植物常见栽培的有红顶草、早熟禾、野牛草等。

根据花卉的观赏器官可分为：①观花类，如菊花、仙客来、月季等。②观叶类，如文竹、常春藤、五针松等。③观果类，如石榴等。④观茎类，如佛肚竹、光棍树、珊瑚树等。⑤观芽类，如银柳等。

根据花卉的经济用途可分为：①观赏用花卉，花坛用花（如一串红、金盏菊等）、盆栽花卉（菊花、月季等）、切花花卉（如菊花、百合等）、庭院花卉（如芍药、牡丹等）。②香料用花卉，如白兰、水仙花、玫瑰花等。③熏茶用花卉，如茉莉花、珠兰花、桂花等。④医药用花卉，如芍药、牡丹、金银花等。⑤环境保护用花卉，具有吸收有害气体、净化环境的花卉，如美人蕉、月季、罗汉松等。⑥食品用花卉，如菊花、桂花、兰花等近百种。

四、林产品具体包括哪些？

近代林产品主要是木材及其副产品。可分为两大类：一类是木材及各种木材加工制品，另一类是经济林及森林副产品。其中，经济林产品主要有：

①木本油料，如核桃、茶油、橄榄油、文冠果油等木本食用油及桐油、乌桕油等工业用油。②木本粮食，如板栗、柿子、枣、银杏及多种栎类树种的种子。③特用经济林产品，如紫胶、橡胶、生漆、咖啡、金鸡纳等。

五、畜禽产品具体包括哪些？

畜禽产品从广义上讲，主要是指肉、乳、蛋、禽、脂、肠、皮张、绒毛、鬃毛、细尾毛、羽毛、骨、角、蹄壳及其初加工品等。但从狭义上讲，即从我国商品经营分工的角度来看，肉、乳、蛋、脂属食品和副食品范畴，也就是我们所说的畜禽产品，皮张、绒毛、鬃毛、细尾毛、羽毛、肠衣属于畜产品，而骨、角、蹄壳属废旧物资和中药材商品。

六、水产品具体包括哪些？

水产品是指水生的具有一定食用价值的动植物及其腌制、干制的各种初加工品。①按生物学分类法可分为藻类植物（如海带、紫菜等）、腔肠动物（如海蜇等）、软体动物（如扇贝、鲍鱼、鱿鱼等）、甲壳动物（如对虾、河蟹等）、棘皮动物（如海参、海胆等）、鱼类（如带鱼、鲅鱼、鲤鱼、鲫鱼等）、爬行类（如中华鳖等）。②按商业分类可分为活水产品、鲜水产品（含冷冻品和冰鲜品）、水产加工品（按加工方法分为水产腌制品和水产干制品，包括淡干品、盐干品、熟干品）。

第二节　农产品的运输方式与技术等级

一、农产品的运输方式有哪些？

现代农产品运输方式有铁路运输、公路运输、水上运输和航空运输。

铁路运输载运量大，连续性强，行驶速度较高，运费较低，运行一般不受气候、地形等自然条件的影响，适合于中长途客货运输。

公路运输虽载运量较小，运输成本较高，但机动灵活性较大，连续性较强，适合于中、短途客运和高档农业产品的运输。为了促进鲜活农产品的流通，我国开设了鲜活农产品绿色通道，在通道上，对整车合法装载运输鲜活农产品车辆免收车辆通行费。“绿色通道”网络的公路收费站点，按规定开辟“绿色通道”专用道口，设置“绿色通道”专用标识标志，引导鲜活农产品运输车辆优先快速通过。

水运（包括内河和海上运输）具有载运量大、运输成本低、投资省、速度较慢、灵活性和连续性较差等特点，适于大宗、低值和多种散装农产品的运输。

航空运输具有速度快、投资少、不受地方地形条件限制、能进行长距离运输等优点，也存在载运量小、运输成本高、易受气候条件影响等缺点，适合于远程客运及高档、外贸农产品与急需农产品的运输。

二、农产品等级如何评定？

1. 农产品等级评定的含义

农产品等级评定实际上是对农产品内在质量、外观质量和包装质量等作出检验结论。农产品的等级有时也称为品级。等级常用顺序号来表示，如一等、二等、三等或一级、二级、三级等，此时“等”与“级”无含义上的差别。有些农产品在等下面，还有级别之分，如二等一级、二等二级、二等三级等。此时“等”与“级”的含义有所不同。也有一些农产品用其他的方式来表示，如优级、上级、中级、下级等。随着科学技术和生产技术的发展，农产品质量的提高，不同时期的同一等级所表示的农产品有用性程度会有所提高。农产品的质量受气候及病虫害的影响极大，因此不同年份和不同地区的同一等级，在质量方面也可能有较大差异。

2. 农产品的分级标志

农产品分级标志较多，农产品分级不仅取决于用途和消费层次，还取决于生产方式、成熟度、自然形态、病害、气候等。①合格品与不合格品。合格品是符合使用要求的产品，不合格品是不能享用的产品。②优级品、等级品和等外品。在农产品中多用“特级”、“特等”反映几乎完全符合要求的农产品，有的也称一等品。等级品是不完善但仍有一定使用价值的农产品，等级品的等级很多。若优级品叫一等品，则等级品从二等品算起，但这种分级法容易混淆等级标准，一般较少使用。等外品，又称次品，是指虽不符合现有产品质量标准,但仍可使用的产品。③多级分类标志。多级分类标志是用几个级别表示农产品的质量,如棉花,有纺织用棉和短绒两大类,每类又分为好几个等级。之所以分这么多等的类别,是因为这类产品的质量、性能差异性很大,又不易人为控制。

3. 常用分级方法

①限定法。这种分级方法就是将农产品各项缺陷和各项要求都列出来,凡不符合要求者作为一项缺陷,缺陷累计超过一定数量,或缺陷大小、位置超过规定标准者,则认为该农产品不符合某一等;缺陷数不足限定数者,则认为符合某一等。用这种限定法分级适用于农产品缺陷易被人肉眼看出的表面性能或易为仪器作无损鉴定的农产品质量的鉴定。

②计分法。这种分级方法是将农产品的各种缺陷和各项要求列出,根据这些缺陷的重要性逐一确定分数,累计各项分数,分数越高等级数就越高。有些工业原料,对其每种疵点规定一定分数,疵点越多,分数就越多,等级就越低。这种方法的重点是对缺陷不等同对待,而是针对缺陷造成的质量问题的主次分配给不同的分数。国际贸易中这种方法应用也较广泛。

③百分记分法。这种分析方法是将农产品的各项质量要求列出,将每项要求对农产品的重要性分别用百分数列出,最后累计得分。如水果分等分级时,果品糖度比标准高,分数增加,比标准低分数减少。西瓜的甜度标准要求一般为11度,比11度高的每高出0.2度加1分,比11度低的每低0.2度减1分。百分法常用于对成熟的鲜活农产品质量的分级。

第三节　农超对接

一、农超对接的提出

2009年商务部、财政部、农业部联合开展农超对接,中央财政安排4亿元资金在17个省(自治区、直辖市)开展试点,鼓励连锁超市与农产品生产基地建立长期、稳定的购销关系，缩短中间环节，发展新型农产品流通模式。

农超对接，指的是农户和商家签订意向性协议书，由农户向超市、菜市场和便民店直供农产品的新型流通方式，主要是为优质农产品进入超市搭建平台。农超对接的本质是将现代流通方式引向广阔农村，将千家万户的小生产与千变万化的大市场对接起来，构建市场经济条件下的产销一体化链条，实现商家、农民、消费者共赢。即农产品与超市直接对接，市场需要什么，农民就生产什么，既可避免生产的盲目性，稳定农产品销售渠道和价格，同时还可减少流通环节，降低流通成本（通过直采可以降低流通成本 20% ~30%），给消费者带来实惠。

开展鲜活农产品农超对接，是减少农产品流通环节、降低流通成本的有效手段，有利于实现农产品从农田到餐桌的全过程质量控制，对建立农产品现代流通体制、增加农民收入和促进城乡统筹协调发展具有重要的现实意义。

二、农超对接的主要做法

政府引导、市场运作是实施农超对接的主要做法。即以大型连锁超市为基础，与农民专业合作社相结合，建立新型农产品流通渠道，促进连锁企业产业链的延伸和农产品供应链的整合。

实施农超对接一般需要超市具备以下条件：

①企业经济效益在当地名列前茅，连续盈利 3 年以上，无违法经营记录等。②企业资产结构合理，资产负债率在 70% 以下。③超市生鲜农产品销售额占总销售额的 25% 左右。④具有稳定的农产品供货渠道，包括企业自有生产基地、与农民专业合作社合作等。⑤具有与经营规模相匹配的连锁超市、生鲜农产品物流配送中心及辅助设施等。

第八章　经纪人组织管理

第一节　经纪组织的概述

经纪组织，是指具有企业性质和组织形式的经纪公司、经纪人事务所或其他兼营的经济组织等机构，是营利性的能独立承担民事责任的组织。

经纪组织可以是全民所有制、集体所有制、私营企业性质的企业；私营企业性质的经纪组织，包括私人独资企业、个人合伙企业、私营有限责任公司。

经纪组织，以其完备的运行机构、承担民事责任的能力、中转结算的信用、合法灵活的手段在调解纠纷、促成交易成功等方面发挥其整体功能作用。

第二节　农民经纪组织的机构设置

不论是个体经纪人、个人独资经纪企业、合伙经纪人，还是经纪公司，一旦通过注册登记取得合法资格后，就可以做经纪业务了。为了保证卓有成效地开展经纪业务活动，最大限度地调动广大农村经纪人的工作积极性，努力降低经纪成本，提高工作效率，各类经纪组织必须重视自身的机构设置问题。

一、经纪机构概述

国家工商行政管理总局颁布的《经纪人管理办法》第十六条明确规定："经纪人和委托人签订经纪合同，应当附有执行该项经纪业务的经纪执业人员的签名。"这就明确告诉我们，经纪组织对外从事经纪业务活动，要有获得经纪资格证书的经纪执业人员来执行，所以，任何经纪组织都必然要吸纳一定数量的经纪执业人员。因此，这些经纪执业人员与经纪组织到底以什么样的法律关系固定下来，就涉及经纪组织的机构（即经纪机构）设置问题。

所谓经纪机构，就是经纪执业人员的从业机构。不同的经纪机构，经纪执业人员与经纪组织的法律关系是不同的。在实践中，经纪机构设置的具体形式是丰富多彩的，但基本可以概括为两类：一类是按照企业的方式设置，另一类是按照经纪人服务所的方式设置。经纪组织的机构设置不同，与经纪执业人员的法律关系就不同，因而具有不同的特点，但它们的经纪活动内容大致是相同的，主要包括：

①为交易活动提供中介服务。不论哪家经纪机构，也不论哪种经纪活动方式，在开展经纪活动时，都必须为买卖双方提供各种信息和服务。只有通过自己的服务，直接满足了客户的需要或促成了交易的成功，才能取得佣金收入。因此，努力提高服务质量，是经纪机构开展经纪活动的一项重要内容。

②代表一方就交易条件进行谈判。经纪机构在开展居间业务时，尽管不代表买卖双方中的任何一方，但在买卖双方的交易条件相差很远，特别是价格差异较大的情况下，为了能缩小双方业已存在的差距，经纪人要不断地穿梭于买卖双方之间，在委托人委托的权限范围内，在买者面前代表卖者，在卖者面前代表买者，不断地就交易条件进行谈判，直至撮合成交。

③接受委托，进行代理。经纪机构在开展经纪业务活动时，如果是行纪、代理业务，就必须接受委托人的委托，在委托权限内开展活动。经纪机构进行代理活动，必须遵循国家有关代理的法律、法规的规定，忠实履行代理义务。

④为交易提供信用保证。商业信用风险是日常经营活动中普遍存在的一种风险，买卖双方由于缺乏了解，如果互不信任，就很难达成交易。在这种情况下，经纪机构介入交易活动便可以起到安全保证作用。通常，可以由经纪机构作担保，买方将货款汇入经纪机构账户，卖方将货物交给经纪机构，然后由经纪机构将

货物转交买方，将货款转交给卖方，从而完成交易。

⑤为交易活动草拟文件。在经纪业务活动中，经常要起草各种交易文件。这是经纪机构义不容辞的责任，经纪机构必须提供这方面的服务。

⑥为交易提供各种咨询。在经纪活动中，当遇到交易者不熟悉的有关经济、法律、程序问题时，经纪机构应主动、及时地为他们提供这方面的咨询服务，提供交易信息和相应的对策或建议。

⑦为交易双方的争议、纠纷进行调解。在经纪合同履行过程中交易双方发生纠纷、争议时，经纪机构可以根据双方当事人的请求，进行民间调解。

二、经纪企业

经纪企业是个体经纪人或经纪组织机构设置的一种主要形式。目前，这类经纪企业大多数以××经纪公司、××服务公司、××咨询公司、××市场、××中心、××介绍所等名称命名。这类经纪企业有的是在原国有、集体企业的基础上转制而成的；有的开始时直接由国家机关、政府部门注册登记成立，现在，经过全面整顿，这类经纪企业与政府机关脱离了关系，已转化为自负盈亏的独立的法人实体；更多的是在近几年中新注册登记的经纪组织。从发展趋势上讲，我国私人注册登记的经纪企业数量正出现快速增长的势头。

经纪企业的业务活动主要是为市场提供居间、行纪、代理等经纪活动。这类企业既不同于工业企业，也不同于商业企业，不生产什么商品，也没有什么商品可以买卖，主要的经济活动就是根据自身掌握的信息或自身拥有的专业知识和技能，为市场提供各种各样的服务，撮合成交，从而取得佣金收入。

经纪企业与经纪执业人员的关系是隶属关系，这种关系主要通过劳动合同制的形式确定下来，受到国家法律的保护。执业人员是企业的职员，他们可以自己去承揽经纪业务，也可以完成企业安排的经纪业务。企业为执业人员提供相应的业务条件或经纪业务，在正常情况下，企业必须支付执业人员的工资，并为执业人员支付各种社会保障费用。经纪执业人员在开展经纪业务中所获得的佣金收入，必须由经纪企业统一收取，并按照统一的分配原则或有关规定进行分配，奖金可以按照企业的分配制度和规定，在经纪收入中按一定的比例提取。执业人员在开展经纪业务时，以经纪企业的名义对外活动，不得损害经纪企业的利益，不得接受业务单位给予的佣金以外的其他费用。经纪企业无正当的理由开除经纪执业人员，应承担违反劳动合同的法律责任，赔偿执业人员的经济损失，而执业人员不按规定程序辞聘，也应承担相应的法律责任。

三、经纪人事务所

经纪人服务机构就是为经纪人执业提供服务的机构，其法律地位也和企业相同。比较典型的组织形式是经纪人事务所。在我国目前的经纪机构设置中，经纪人服务机构所占的比重是相当小的。

经纪人服务机构同经纪执业人员的关系是服务与被服务的关系，而不是隶属关系。这种关系主要是通过签约的方式固定下来的，这也是经纪人服务机构与经纪企业的一个重要区别。经纪人服务机构依照《中华人民共和国企业法人登记管理条例》的规定，到当地工商行政管理机关申请注册登记、领取营业执照后，便可以开业。它可以自己拥有经纪执业人员，开展业务活动，也可以自己只拥有管理人员，为经纪业务提供管理服务，而经纪业务的执业人员主要靠吸收社会执业人员来承担。当经纪人服务机构能为经纪执业人员开展经纪活动提供较为满意的服务时，执业人员便接受该服务机构的服务，并缴纳一定的服务管理费；当经纪人服务机构不能为经纪执业人员提供满意的服务时，执业人员可以到另外的经纪人服务机构接受服务并缴纳服务管理费。同样，如果经纪人服务机构认为经纪执业人员能胜任工作并为经纪人服务机构带来较好的社会影响时，就可以继续同其签约，继续为其提供服务；否则，就可以不再签约，不再继续为其提供服务，动员其到别的经纪机构去从业。这种用人机制比经纪企业更为灵活有效。

经纪人服务机构为经纪执业人员提供的服务主要包括以下几方面：

一是为经纪执业人员依法开展经纪业务提供必要的条件。执业人员要依法经纪，除了必须取得执业证书外，还必须有合法的组织形式。有了经纪人服务机构，执业人员便可以名正言顺地对外开展活动，这也为兼职从事经纪活动的执业人员创造了条件。

二是为经纪执业人员代收佣金，代开发票。当执业人员促成买卖双方交易时，经纪人服务机构可以为执业人员代收佣金，并为其代开发票。

三是为经纪执业人员代交税收和管理费。经纪人服务机构为执业人员代收佣金后，应按照法律的规定代为其缴纳税收，向工商行政管理机关缴纳管理费。

四是为经纪执业人员提供谈判的场所或条件，组织执业人员进行业务交流，定期交换信息情报。可以说，经纪人服务机构是经纪执业人员的家。当然，经纪执业人员在接受经纪人服务机构提供的服务后，应在经纪业务收入中给经纪人服务机构支付一定的服务管理费。

四、市场中介组织

市场中介组织是指在市场经济中，介于政府与市场主体企业之间，商品的生产者与经营者相互之间，以及个人与单位之间，从事服务、协调、评价、公证等活动的机构。

目前，我国市场中介组织按其在市场经济中的作用可划分以下几种类型：

(1)有促进市场发展，提供服务作用的中介组织。如各类信息服务和咨询组织、结算和计算中心、交易所、商务代理机构、税务代理机构、商标事务所、专利事务所等中市场服务组织。

（2）有沟通市场交易活动作用的中介组织。如经纪人事务所、经纪公司、职业介绍所、人才交流中心等市场媒介组织。

（3）有保证市场公平交易，平等竞争公证作用的中介组织。如会计师事务所、审计师事务所、公证处、资信和资产评估机构等鉴定组织。

（4）有调节经济纠纷，维护市场正常运转监督作用的中介组织。如仲裁机构、计量和质量检验认证机构、商品检验组织、消费者协会、市场公证交易协会、律师事务所等监督市场活动组织。

（5）有扩大交往，协调企业之间经济关系作用的中介组织。如商会、行业协会等自律性组织。

（6）根据市场经济的发展而设立或者借鉴国际先进经验而产生的新型中介机构，如工程监理公司、拍卖行、报关行、各类培训中心和各类代理公司、创意与策划公司、广告公司等。

（7）中介组织可以是企业法人，可以是事业单位法人和社会团体法人，也可以是“私营”、“合伙”企业性质的组织。

第三节　农民经纪人协会的组织成立

根据我国《社会团体登记管理条例》的规定，农民经纪人协会属于社会团体组织，社会团体不得从事营利性经营活动。国家保护社会团体依照法律、法规及其章程开展活动，任何组织和个人不得非法干涉。条例规定，国务院民政部门和县级以上地方各级人民政府民政部门是本级人民政府的社会团体登记管理机关，县、乡两级的农民经纪人协会其登记管理机关是县级民政局。省区级农民经纪人协会其登记管理机关是省区级民政厅。目前，我国还没有全国性的农民经纪人协会组织，当然全国性农民经纪人协会必须向民政部直接申请。按照条例规定，社会团体还必须要有相应的业务主管单位，例如全国性协会必须要有部级单位来作为业务主管，省级协会则必须有厅级单位作为主管，县乡级别的协会则必须有局级单位作为主管。业务主管单位的作用主要是对工作起到指导和监督作用。目前，很多各级农民经纪人协会本身就是由当地供销社系统所组织，很多协会的主要领导也由供销社系统的职工担任，因此，在很多地方农民经纪人协会的业务主管单位为当地相应级别的供销社。当然，一些地方的供销社系统事实上处于瘫痪状态，这时可以由当地政府授权给农业部门或其他政府部门业务主管，例如，一些青年农民经纪人协会最初是由各级团委出面组织的，这时也可由各级团委作为其业务主管部门，总之要得到当地人民政府的授权。

一、申请前的准备工作

申请成立农民经纪人协会，首先应当经基层业务主管单位审查同意，由发起人向登记管理机关申请筹备。

①有 50 个以上的个人会员或者 30 个以上的单位会员。个人会员、单位会员混合组成的，会员总数不得少于 50 个，这是对成员数量的基本要求。

②有规范的名称和相应的组织机构。名称应当符合法律、法规的规定，不得违背社会道德风尚。社会团体的名称应当与其业务范围、成员分布、活动地域相一致，准确反映其特征。只有全国性农民经纪人协会的名称才能冠以“中国”、“全国”、“中华”等字样的，地方性的农民经纪人协会其名称是不能冠以“中国”、“全国”、“中华”等字样的。

③有固定的场所。这需要根据情况解决，必要时请政府部门出面解决，相信会获得他们的热情帮助。

④有与其业务活动相适应的专职工作人员。这是农民经纪人协会生存发展，保持活动的重要一环，目前部分农民经纪人协会成立后处于瘫痪状态，就是这些问题没有解决好。需要注意的是，社会团体的法定代表人，不得同时担任其他社会团体的法定代表人。这是需要来自于供销社系统的同志需要注意的。

⑤有合法的资产和经费来源。全国性农民经纪人协会至少有 10 万元以上活动资金，地方性的农民经纪人协会有 3 万元以上活动资金就可以了。

⑥有独立承担民事责任的能力。

二、申报材料

由发起人向登记管理机关正式申请时,应当提交下列文件:

①筹备申请书。

②业务主管单位的批准文件。

③验资报告、场所使用权证明。

④发起人和拟任负责人的基本情况、身份证明。

⑤农民经纪人协会章程草案。

三、等待批准筹备

登记管理机关一般自收到全部有效文件之日起60日内,作出批准或者不批准筹备的决定;不批准的,将向发起人说明理由。

四、召开代表大会

筹备成立的农民经纪人协会,应当自登记管理机关批准筹备之日起6个月内召开会员大会或者会员代表大会,通过协会章程,产生执行机构、负责人和法定代表人,并再次向登记管理机关申请正式成立登记。注意这时的筹备期间不能开展筹备以外的活动,因为连基本的公章都没有。

五、正式申请登记

地方民政局应当自收到完成筹备的地方农民经纪人协会的登记申请书及有关文件之日起30日内完成审查工作。对筹备工作符合要求、章程内容完备的农民经纪人协会,应准予登记,并发给“社会团体法人登记证书”。登记事项包括:

①名称。

②住所。

③宗旨、业务范围和活动地域。

④法定代表人。

⑤活动资金。

⑥业务主管单位。

六、备案领证

依照法律规定，农民经纪人协会自批准成立之日起即具有法人资格，应自批准成立之日起 60 日内向登记管理机关备案。登记管理机关自收到备案文件之日起 30 日内发给“社会团体法人登记证书”。

七、印章和账户

农民经纪人协会凭“社会团体法人登记证书”申请刻制印章，开立银行账户，注意将印章式样和银行账号报登记管理机关备案。成立农民经纪人协会的程序似乎比较繁琐，但相信在现在“支农热潮”的大好形势下，民政系统和各级政府是会提供帮助和支持的，只要当地条件成熟，是完全可以将协会办起来的。农民经纪人协会的组织者更应该注重的是本协会的组织结构，会员范围，业务开展的内容、形式、计划、工作目标等实质性内容，千万要避免协会成立走样子、走形式的现象，这样是不会受到农民经纪人和农民群众的欢迎的。

第四节　经纪人的资格认证

一、农产品经纪人国家职业标准

（一）职业等级及职业能力要求

1. 职业等级

本职业共设三个等级，分别为：初级（国家职业资格五级），中级（国家职业资格四级），高级（国家职业资格三级）。

2. 职业能力要求

具有一定的判断、推理、计算、语言表达能力，色、嗅、味、触感官灵敏，空间感、形体感强。

（二）职业等级标准要求

——初级（具备以下条件之一者）：

(1)经本职业初级正规培训达到规定标准学时数,并取得毕(结)业证书。

(2)在本职业连续工作2年以上。

——中级(具备以下条件之一者):

(1)取得本职业初级职业资格证书后,连续从事本职业2年以上,经本职业中级正规培训达到规定标准学时数,并取得毕(结)业证书。

(2)取得本职业初级职业资格证书后,连续从事本职业工作4年以上。

(3)取得经劳动保障行政部门审核认定的,以中级技能为培养目标的职业学校本职业(相关专业)毕业证书,从事本职业工作1年以上。

——高级(具备以下条件之一者):

(1)取得本职业中级职业资格证书后,连续从事本职业3年以上,经本职业高级正规培训达到规定标准学时数,并取得毕(结)业证书。

(2)取得本职业中级职业资格证书后,连续从事本职业工作6年以上。

(3)取得本职业中级职业资格证书的大专以上毕业生,并连续从事本职业工作2年以上。

(4)取得高级技工学校或经劳动保障行政部门审核认定的,以高级技能为培养目标的职业学校本职业(相关专业)毕业证书,从事本职业工作1年以上。

(三)职业培训内容

农产品经纪人大都是从农民转化而来的,其自身的文化程度、知识水平、适应能力、市场知识、法律观念等素质,还不符合市场经济发展的客观要求。为此,必须加强对农村经纪人基础知识的培训,提高农村经纪人的整体素质,以适应农村经济与社会发展的需要。

1. 基础知识

含职业道德规范、农产品市场营销、农产品商品分类、法律与法规、安全生产、世界贸易组织与我国农业发展等。

2. 技能知识

初级经纪人技能知识——市场信息采集与分析、建立客户与谈判定约、农产品鉴别及等级评定、农产品储运、核算与结算等。

中级经纪人技能知识——市场信息采集与分析、建立客户与谈判定约、农产品鉴别及等级评定、农产品储运、财务会计等。

高级经纪人技能知识——市场信息采集与分析、建立客户与谈判定约、农产品鉴别及等级评定、农产品储运、财务会计、经济地理、信息技术应用等。

申请“农村经纪资格证书”的人员应具备如下条件：

(1)具有完全民事行为能力。

(2)具有从事农业经纪活动所需要的知识和技能。

(3)有固定的住所。

(4)掌握国家有关法律法规和政策。

(5)申请经纪资格之前连续3年以上没有犯罪和经济违法行为。

申请“农业经纪资格证书”需要如下手续：

(1)证明1份。证明内容：申请经纪资格证书之前连续3年以上没有犯罪和经济违法行为(由公安机关或村委会、村民小组出具)。

(2)居民身份证复印件2张。

(3)一寸免冠照片3张。

(4)填写登记表一式两份。

取得“农业经纪资格证书”后，凡从事经纪经营活动的人员必须要依法办理营业执照及有关证照。依据《城乡个体工商户管理暂行条例》《个体工商户登记程序规定》《企业名称登记管理规定》。登记申请个体农业经纪人。

二、经纪人的资格认证

农民经纪人从事经纪活动都希望自己手中拥有权威高效的职业资格证明，以向客户证明自己的身份，获取客户的信任。按照我国国家工商总局《经纪人管理办法》的规定，“经纪资格证书”是所有经纪从业人员获得经纪资格的凭证，也是从业人员申请从事经纪业务工作的必需证明。凡是准备从事经纪业务活动的人员，需要具备一定条件，并参加国家主管机关组织的培训，经过考核批准，最后由工商行政管理机关发给“经纪资格证书”。

“经纪资格证书”是经纪从业人员的经纪资格凭证，是申请从事经纪业务工作的证明。获得“经纪资格证书”的人员，一般可以有两项选择：

(1)参加经纪人事务所、经纪公司等组织从事经纪业务工作。

(2)向工商行政管理机关申请个体工商户登记，成为个体经纪人。

无论哪种证书，都需要农民经纪人在当地工商部门登记认可，并办理营业执照后，才拥有合法的农民经纪人资格。“职业资格证书”只证明你拥有了相应的工作能力。而光有证书，没有执照是不可以的。

第五节　农村经纪人的登记注册

从事经纪活动要办哪些登记注册手续并该如何办理呢？有关从业办理登记的工作程序，国家工商行政管理机关有明确的规定，一般情况下分为两种：一种情况是愿意从事经纪活动的自然人先由当地行业自律组织对其进行行业培训。主要是了解和掌握经纪人的一般必备知识，了解法律规章的相关内容，明确从业者的权利和义务，知道在从业活动中能做什么和不能做什么，该做什么和不该做什么，学会一些基本经纪技巧和业务技能，经过培训考核后，由当地经纪人协会颁发执业证书，就可以受聘到相应的经纪组织作为该组织的经纪执业人员开展经纪业务活动了；另一种情况是取得行业自律组织颁发的执业证书后，如想独立、合伙或是设立经纪公司开展经纪活动，就要依法到当地工商行政管理机关进行登记注册，并对经纪执业内容及活动形式进行备案。

一、农村经纪组织的注册登记条件

凡符合个体经纪人、合伙经纪企业和经纪公司相关法律规定设立条件的，均可以向当地工商行政管理机关申请登记注册为个体经纪人、合伙经纪企业或经纪公司。工商部门都会在规定时限内，作出核准登记注册或不予核准登记注册的决定。除个体经纪人、合伙经纪组织、经纪公司外，其他经济组织或合伙经营主体从事经纪活动，需经所在地工商行政管理机关核准，并办理登记注册或者变更登记和备案。

《经纪人管理办法》中对经纪组织设立条件作了明确的规定。

（一）个体经纪人的设立条件

《办法》第六条规定：符合《城乡个体工商户管理暂行条例》规定条件的人员，应当向当地工商行政管理机关申请领取个体工商户营业执照，成为个体经纪人。根据《城乡个体工商户管理暂行条例》的规定，有经营能力的城镇待业人员、农村村民，以及国家政策允许的其他人员，都可以申请从事个体经纪职业。其条件是：

（1）有固定的业务场所。

（2）有一定的资金。

（3）有一定的从业经验。

（4）符合《城乡个体工商户管理暂行条例》的其他规定。

（二）个人独资经纪企业的设立条件

《办法》第七条规定：符合《中华人民共和国个人独资企业法》规定条件的人员，应当向当地工商行政管理机关申请，设立个人独资经纪企业。根据《中华人民共和国个人独资企业法》规定：个人独资企业是指依照本法在中国境内设立，由一个自然人投资，财产为投资人个人所有，投资人以其个人财产对企业债务承担无限责任的经营实体。设立个人独资企业应当具备下列条件：

(1)投资人为一个自然人。

(2)有合法的企业名称。

(3)有投资人申报的出资。

(4)有固定的生产经营场所和必要的生产经营条件。

(5)有必要的从业人员。

设立从事经纪活动的个人独资企业，应当有1名以上经纪执业人员。

(三)合伙经纪企业的设立条件

《办法》第八条规定：符合《中华人民共和国合伙企业法》规定条件的人员，应当向当地工商行政管理机关申请，设立合伙经纪企业。根据《中华人民共和国合伙企业法》规定：合伙企业是指依照本法在中国境内设立的由各合伙人订立合伙协议，共同出资、合伙经营、共享收益、共担风险，并对合伙企业债务承担无限连带责任的营利性组织。设立合伙经纪企业应当具备下列条件：

(1)有两个以上合伙人，并且都是依法承担无限责任者。

(2)有书面合伙协议。

(3)有各合伙人实际缴付的出资。

(4)有合伙企业的名称。

(5)有经营场所和从事合伙经营的必要条件。

(四)经纪公司的设立条件

《办法》第九条规定：符合《中华人民共和国公司法》规定条件的，应当向当地工商行政管理机关申请设立经纪公司。《公司法》规定，公司组织形式有两种：有限责任公司和股份有限公司。

设立有限责任公司应具备的条件：

有限责任公司由 1 人以上,50 人以下股东共同出资设立,股东以出资额为限对公司的债务承担责任。1 名自然人或者 1 个法人投资设立的有限责任公司,为有限责任公司。设立条件有:

(1)股东符合法定人数。

(2)股东出资达到法定资本最低限额。

(3)股东共同制定公司章程。

(4)有公司名称,建立符合有限责任公司要求的组织机构。

(5)有公司住所。

设立股份有限公司应具备的条件:

股份有限公司由 3 人以上,200 人以下为发起人,全部资本分为等额股份,发起人和其他投资者认购公司发行的股份而设立,股东以所持股份为限对公司承担责任。设立条件有:

(1)发起人符合法定人数。

(2)发起人认缴和社会公开募集的股东达到法定资本最低限额。

(3)股份发行,筹办事项符合法律规定。

(4)发起人制定公司章程,并经创立大会通过。

(5)有公司名称,建立符合股份有限公司的组织机构。

(6)有公司住所。

二、与农村经纪组织注册登记管理相关的其他管理制度

(一)营业执照

营业执照是国家登记主管机关,依法给核准登记注册的工商企业和个体工商户颁发的准予从事生产经营或服务活动的合法凭证,具有法律效力。其主要作用是:

第一,经营者合法权益受到保护。经纪组织自领取营业执照之日起,就取得了法人资格和合法经营权。营业执照一方面可以作为对外进行经营活动的合法凭证;另一方面,当企业合法权益受到侵害时,可以凭执照请求登记主管机关或者政府有关部门和法院给以保护。

第二,核定经营者经营范围。营业执照是规范经纪组织经营主体的行为,对经纪组织本身有一定的约束力。经纪组织只有在营业执照上核定的经营范围内从事不违反国家法律、法规及政策的经纪活动,才能得到法律的保护,否则不但得不到保护,还要按照登记管理法规进行处罚。

第三,明确服从行政监管的义务。经纪组织从领取营业执照之日起,即取得了开展经纪业务,从事经营活动的权利。同时,也有义务接受工商行政管理机关的监督管理。因此,登记主管机关给企业核发的营业执照,绝非单纯的手续问题,而是按照国家法律、法规和政策规范经营主体的行为,加强对企业监督管理,维护社会主义市场经济秩序的有力措施。

(二)换照、验照和企业年检制度

换照、验照和企业年检制度,包括:

第一,个体经纪人换照和验照。根据规定,个体工商户的营业执照自开业之日起,每四年换发一次,个体经纪人也是如此。个体经纪人变更主要登记项目,也要换发新营业执照。验照,就是对个体经纪人的登记项目和实际情况进行核对查验。对个体经纪人逾期不办理验照手续,且无正当理由的,工商行政管理机关收缴其营业执照及副本。

第二,企业年检制度。经纪企业年检,就是经纪企业在每一个从业经营年度内,按照规定的期限对本企业在本年度内的经纪经营情况进行全面的检查,并向原登记的工商行政管理机关填报年度检查报告书的管理制度。企业年检的作用,不仅可以督促经纪企业提高管理水平,及时纠正存在的问题,自觉按照核准登记的经营方式和经纪范围从事经纪活动,而且也能够使工商行政管理机关了解和掌握企业的实际生产经营状况和守法状况,并对发现的违法违章经纪行为进行处理。

第三,公告制度。公告制度即是企业法人登记注册的必要程序,同时也是监督管理的办法。企业法人登记公告是登记主管机关依照法律规定,向社会发布的以企业法人已核准登记的主要事项为内容的政府公告，具有特定的法律效力。企业法人登记公告分为开业登记公告、变更名称登记公告和注销登记公告3种。

一是有利于社会对经纪企业的监督。将企业的登记事项向社会公开，有利于发动全社会来加强对经纪企业的监督。

二是有利于保护经纪企业的合法权益。企业登记事项一经公告，就具有法律效力。如企业法人名称经公告后，便享有专用权，具有排他性，任何其他企业不得擅自冒用或使用与之相同或混同的企业名称。

三是有利于维护社会经济秩序。将企业登记的主要事项公告于社会，尤其是将企业的资信情况公告于社会，能使与其进行经营业务交往的企业、单位或个人了解情况，增强所签合同的可靠性。

第六节　农村经纪人的管理与管理目标

一、对农村经纪人的工商监督管理

做好对经济活动的监督管理，对于建立社会主义统一大市场正常秩序有重要作用。各级工商行政管理部门要对经纪人的申请、登记、审查考核、资格认定、注册、签证、发照到核准经营范围、行为规定、权利义务、收费标准、签订合同、缴纳税费等一系列环节制定制度和细则，通过健全机构，完善制度，强化对经纪人的管理。

（一）农村经纪人的注册、登记

从事农产品经纪业务的个体农产品经纪人、农产品经纪人事务所、农产品经纪公司及兼营农产品经纪的其他经济组织的设立，除依据有关法律、法规办理审批手续外，还须经各地方科技厅审核批准方可向工商行政管理机关申请注册、登记。

1. 个体农产品经纪人的条件

包括有固定的业务场所；有一定的资金；有一定的从业经验；

取得农产品经纪资格证书;符合《城乡个体工商户管理暂行条例》的其他规定。

2. 农产品经纪人事务所设立的条件

包括有固定的业务场所;有一定的资金;有3名以上具有农产品经纪资格的从业人员;合伙人之间订有书面合作协议。

3. 农产品经纪公司的设立条件

农产品经纪人公司是以公司为组织形式的、从事农产品经纪业务的、负有限责任的企业法人。其设立的条件是:具有相应的组织机构和固定的业务场所;有一定的资金;有与其经营规模相适应的一定数量的专职人员,其中取得农产品经纪资格证书的不得少于5人;符合《公司法》及有关法规规定的其他条件。

(二)对经纪活动实行定期检查

对无照经营、无资格证书从业以及其他非法经纪活动予以严肃处理。机关、企业、事业单位和个人向经纪人委托业务,应当验明其主体资格,均不得向无照经营、无资格证书从业者以及未使用统一发票的经营者委托业务、支付佣金。各级工商行政管理部门还应当建立完善的经纪人监督管理的统计、档案等制度。

经纪人行业协会制定了行业规则和职业道德规范,组织经纪知识培训,维护经纪人的合法权益,使其成为经纪人的自律组织,发挥自我监督、自我管理、自我服务的作用,以促进经纪人整体素质的提高。

目前,在流通领域内活跃着不计其数的经纪人,但真正持证经纪人,即获得合法经营资格的却微乎其微。众多的地下经纪人在税收及管理上给管理部门造成了极大的困难。现阶段尤其应该加强经纪人组织的建设和管理,使经纪人处于有组织控制的状态。在试点取得一定经验的基础上,扩大现有经纪人组织的容量,增加经纪人组织的数量,经纪人组织应朝专业化方向发展。同时,完善市场设施,创造一个有利于市场发展的环境和条件,为经纪人开展业务提供更为优质的服务。

各级工商行政管理机关有权依据有关法律、法规和《经纪管理办法》，对其管辖的经纪人进行监督检查。经纪人应当接受检查，提供检查所需的文件、账册、报表及其他有关资料。

经纪人有下列行为之一者，由工商行政管理机构按照国家有关法律、法规给予处罚：

●未经核准登记擅自开业的；

●登记时隐瞒真实情况，骗取营业执照的；

●超出核准登记的经营范围，从事经纪活动的；

●不按规定办理、变更、注销登记的。

经纪人擅自从事国家禁止经纪人经营的活动或拒不办理经纪人资格证书年度检验并从事经营活动的，工商行政管理机关可根据情况轻重处以警告、没收违法所得、责令停业整顿、吊销营业执照、罚款等行政处罚措施，并可吊销直接责任人员的经纪资格证书。法律、法规已有规定的，按有关规定处理。对于触犯刑律构成犯罪的，应当及时移送司法机关追究有关当事人的刑事责任。

经纪人在法律上享有独立的地位，必须具备我国《民法通则》要求的享有民事权利的能力和完全的民事行为能力。经纪人若违反法律、法规的规定，给当事人造成经济损失的，应当承担赔偿责任。

经纪人与委托人发生争议，可以协商解决，也可以依照双方约定或者事后达成的仲裁协议向仲裁机关申请仲裁。未作约定，事后又未达成仲裁协议的，可以向人民法院起诉。

二、对农村经纪人的行业管理

所谓行业管理是指从事经纪活动的执业人员除接受政府有关行政职能部门的干预外，其经纪活动和经纪行为还应受到行业组织的指导管理和约束。

行业协会是在地方、国家或是国际级别上组织起来的非营利性的自愿公民组织。作为非政府组织，它是一种现代社会市场经济体制中的重要组成部分，是市场经济条件下的一种非常重要的市场结构成分或者说要素。

在我国一般称其为“社团组织”，它可以根据地方性、区域性特点组成乡镇行业协会、市（县）行业协会、省级或国家级行业协会。在我国广大农村，经纪人的社团组织主要是以市场主体类协会和市场产品类协会的形式出现。市场主体类协会如经纪人协会或是同业分会；市场产品类协会如花木经纪协会、畜牧经纪协会、禽蛋经纪协会、银杏经纪协会、食用菌经纪协会等。

三、农村经纪人和经纪业务的管理目标是什么

社会主义市场经济条件下，经纪人和经纪业务的代理目标的基本内容可以概括为：发展经纪行业，开拓经纪业务，规范经纪行为；以公正、诚实、信用为原则，以公平中介、居间服务为宗旨，以收取佣金为目的，服务于市场经济；合法经营、依章纳税，在法制轨道内健康发展，以维护市场秩序，确保市场经济的正常运行。

第七节　经纪人有哪些权利和义务

经纪人有如下的权利：

（1）有在法律法规允许的范围内开展经纪活动的依法经营权利。

（2）有权要求委托方或者合同他方提供资金状况、履行能力、商品质量等真实可靠的资料权利。

（3）有权通过合法途径了解、核实委托方提供的资金、资料的权利。

（4）有权依照法律法规按合同约定获得佣金的权利。

（5）有签订合同的权利和依法享有合同中双方约定的其他一些权利。

（6）在经纪活动中发生争议，有申请仲裁的权利和诉讼权。

（7）有依照约定取得佣金的权利。

经纪人的合法权利受法律保护，任何单位和个人不得侵犯。

经纪人有如下义务：

(1)如实介绍。

(2)公正经纪。

(3)保管样品。

(4)制作文书。

(5)保守机密。

(6)依法缴税费并接受行政监督。

(7)法律法规赋予的其他义务。

第八节　农村经纪人的服务报酬

服务报酬是指经纪人在为委托人提供订约机会或充当订约介绍人完成委托人的中介服务后，由委托人支付或交易双方共同支付的报酬。

一、服务报酬的特征

(1)劳务所得。劳务所得是经纪人的合法收入，应在经纪业务结束后获得。

(2)委托人应以明示的方式支付。无论经纪个人还是经纪组织获得的劳务报酬，委托人都要以明示的方式支付。

二、服务报酬支付标准

经纪人从事经纪活动所得佣金是合法收入。经纪人完成经纪活动后，有权按照合同约定收取佣金。收取报酬的标准，以双方约定或参照商业惯例为准。经纪人收取佣金不得违反国家法律、法规和政策规定。

三、报酬的支付方式

除法律规定另有规定外，佣金的支付时间由经纪人与委托人自行约定，可以经纪成功后支付，也可提前支付。经纪人在签订经纪合同时，应将佣金的数量、支付期限及中介不成功时的中介费用的负担等明确写入合同。经纪人收取佣金应当开具发票，并依法缴纳税收和行政管理费。经纪人为了防止报酬被“甩”,可在签订合同时预收部分报酬或费用,也可与委托人签订“专用经纪合同”。

四、经纪人收取佣金的原则

我国目前各地经纪人的收费办法五花八门,也没有统一的标准。有按成文额的1% ~4% 提取的,有计件收费的。一般来说,经纪人收取佣金的原则是:

(1)一般商品可根据成交金额大小、手续繁简情况,由委托方和经纪人按成交金额的0.5% ~5% 协商议定。

(2)大宗重要生产资料一般在成交金额的0.2% ~2% 。

(3)小商品由经纪人和委托人双方议定合理办法。

经纪人开展经纪活动必须设立账簿。账簿上应当载明开展经纪活动时所支付的费用、收取的佣金和财务制度要求载明的其他内容。

根据我国税法的有关规定,经纪人应按收入总额向工商行政管理部门交纳2% 的工商行政管理费,向其营业场所所在地的市场管理部门交纳2% 的市场服务费、按收入总额的10% 向税务部门交纳营业税,如果月收入超过800 元的,其超出部分还要按规定交纳个人收入调节税。

第九章　农村经纪人的法律知识

第一节　农村经纪人的法律的概述

一、法律是农村经纪人的保护神

现代经纪业在我国的兴起，不过数十年时间，但市场经纪活动引起经济纠纷甚至诉诸法律的例子已经屡见不鲜。各种各样的经纪纠纷案说明了什么呢？这给中国刚刚兴起的农村经纪人提出了一个十分迫切的问题，那就是必须学法、知法、懂法、用法，努力增强法制观念，提高法律素质。

（一）经纪人与法制共生共存

经纪人一登上历史舞台，就与法律发生了密切的联系。我国历史上对经纪人的活动就有了法律规定。如明朝的法律规定，牙商（即经纪人）必须领取牙贴（即营业执照），按期缴纳牙税（即所获得的贴费和每年的税银），并负有代官府征税的责任。新中国成立前，伴随着商业活动的发展，不仅大量存在着“牙商”，又有许多股票交易所、现货期货交易所市场经纪人。对这类中间商人的活动，旧中国《六法全书》中也有专门的法律规定，我国台湾地区至今仍在执行。

（二）经纪人业务领域与法的范围

在西方发达的资本主义国家，经纪业十分发达，经纪人涉及的领域包括商品、金融、证券、保险、劳务、房地产，甚至文艺演出、体育比赛、图书出版等各个方面。各国民商法中一般都对经纪人有着较为详尽的规定，此外，还有大量针对各类市场经纪人和市场经纪机构的专门法规。如《日本商法典》第三编“居间营业”

中,就对经纪人的法律地位及法律关系作了详细的规定。至于对各类市场经纪人涉及的具体法律那就不计其数了。如美国规范房地产市场经纪人的法律就有一般代理法、房地产执照法、契约法、联邦法、职业治理规范。总之,经纪人作为受人尊重的一种社会职业,既受到法制的保护又受到法律的制约。

二、学法、懂法、守法和善于用法

农村经纪人除了要明确自己的法律地位外,还应该熟悉和掌握与市场经纪活动有关的各门类的法律法规。《公司法》《经济合同法》《税法》《涉外经济合同法》等,是所有经纪人都应该共同遵守的法律。各类不同的经纪人又涉及各类不同的经济法规。如一般商品经纪人就涉及《反不正当竞争法》《产品质量法》《消费者权益保护法》《广告法》《商标法》;金融、保险市场经纪人涉及《商业银行法》《证券法》《票据法》《担保抵押法》;房地产市场经纪人涉及《房地产法》《土地管理法》;技术市场经纪人涉及《专利法》《技术合同法》等;劳务市场经纪人涉及《劳动法》等。对这些经济法律、法规,各类专业经纪人都应该掌握和熟悉。

农村经纪人既要学法、懂法、守法,还要善于用法,利用法律武器保护自身的合法权益。我国的法律不仅确认了市场经纪人的合法地位,而且规定了经纪人的权利和义务,市场经纪人开展合法经营活动和得到佣金的权利受到法律的保护。

然而,在经纪活动中,却有一些经纪人不会运用法律来保障自己的权益。

有一位经纪人,在介绍一笔金额达三千万元的生意时,委托双方都很融洽,一再向他表示感谢,并答应付以厚酬,他有些飘飘然,便不再过问合同的履行情况。结果,委托双方早就签好了合同,把他抛在了一边。由于双方既没有文字合同,也没有明确的口头协议,因此他只好是哑巴吃黄连,有苦说不出来。

我们可以设想,如果这位经纪人熟悉《经济合同法》,在为委托双方牵线搭桥中及时签上居间合同,就会受到法律的保护,不会吃这种亏了。

随着我国社会主义市场经济的建立,各方面的法律、法规会更加完善,要在经纪人的世界中闯荡,面对着激烈的竞争和各种复杂的关系,不懂得足够的法律知识,是无法保护自己、捍卫自己权益的。

三、遵守《经纪人管理办法》,做老实的经纪人

为了发挥经纪人的积极作用,确立经纪人的法律地位,保障经纪活动当事人的合法权益,规范经纪行为,促进经纪行业的健康发展,国家工商行政管理总局于 2004 年 8 月 28 日颁布并实施了《经纪人管理办法》。作为新农村的经纪人,一定要了解《经纪人管理办法》的内容,并严格遵守其规定。

《经纪人管理办法》的主要内容为如下。

(一)经纪人的界定及组织形式

《经纪人管理办法》在总体框架上按照基本原则、经纪主体、经纪人行为规则、经纪人管理、经纪人违法行为处罚等顺序排列,共分为 25 条。

在《经纪人管理办法》第二条规定:经纪人是指在经纪活动中,以收取佣金为目的,为促成他人交易而从事居间、代理或者行纪等经纪业务的自然人、法人和其他经济组织。第六至第十条中分别明确了经纪人可以采取个体、个人独资、合伙、有限责任公司及其他经济组织的形式开展经纪业务,并在第十一条中规范了经纪企业的名称和经营范围。

(二)经纪执业人员执业备案及经纪执业人员基本情况公示

《经纪人管理办法》规定:经纪人主要以居间、代理或者行纪等服务方式开展交易活动。经纪人既非生产企业,也不属流通企业。经纪人的交易活动,完全依赖于经纪执业人员具体的居间、代理或者行纪行为。经纪执业人员是否讲究信誉、服务行为是否规范,是经纪人行业能否健康发展的决定性因素,加强对经纪执业人员的规范和管理是经纪行业监管的重要内容。

因此,在《经纪人管理办法》第十二条中作了“经纪人领取营业执照、聘用或解聘经纪执业人员后,应当自聘用或解聘之日起20日内,将聘用合同及聘用的经纪执业人员的姓名、照片、住所、执业的经纪项目、执业记录及解聘合同等资料提交给当地工商行政管理机关备案”的规定。此外,为了方便委托人选择经纪执业人员,预防经纪执业人员在经纪执业过程中损害委托人及其他当事人利益,《经纪人管理办法》在第十三条中作了“经纪人应当将所聘用的经纪执业人员的姓名、照片、执业的经纪项目、联系电话等在经营场所明示”的规定。

(三)工商行政管理机关对经纪人及经纪执业人员的信用管理

经纪人及经纪执业人员的行为是否规范、是否诚实可信是经纪行业健康发展的基础。经纪人及经纪执业人员的诚实可信、行为的规范在一定程度上取决于政府和社会公众对其监督的力度;对经纪人及经纪执业人员实施信用管理和公示是强化监督力度的一个重要方式。因此,在《经纪人管理办法》第二十条作了“工商行政管理机关应当建立经纪人及经纪执业人员的档案并予以公示;建立经纪人及经纪执业人员的信用记录;对经纪人及经纪执业人员实施信用分类监管;对有违法违规行为或参与违法违规活动的经纪人及经纪执业人员应当向社会公示”的规定。

(四)经纪人的行为规范

根据经纪行为的特点及存在的问题,《经纪人管理办法》确定了经纪人的行为规范。如第十八条规定:经纪人不得“未经登记注册擅自开展经纪活动”;不得“超越经核准的经营范围从事经纪活动”;不得“对委托人隐瞒与委托人有关的重要事项”;不得“利用虚假信息,诱人签订合同,骗取中介费”;不得“通过诋毁其他经纪人或者支付介绍费等不正当手段承揽业务”;不得“对经纪的商品或者服务作引人误解的虚假宣传”等。为了使经纪人的行为规范得到有效的遵守,根据有关法律法规规定,在第二十一条、第二十二条作了行政处罚的规定。

《经纪人管理办法》是经纪人行为的守则和指南，作为新农村经纪人一定要遵守《经纪人管理办法》，只有如此，才能维护农村交易市场的稳定繁荣和保护经纪人自身的利益。

第二节　广告法

广告业的发展对促进市场体制的确立、疏通流通渠道、指导消费、开拓国内外市场起到了积极的促进作用。但与此同时，我国的广告市场也出现了很多问题。例如，利用广告推销伪劣产品、利用广告欺骗用户和消费者、利用广告进行不正当竞争等。为此，我国十分重视对广告的法制化管理。1994 年 10 月 27 日，第八届全国人民代表大会第十次会议通过了《中华人民共和国广告法》，1995 年 2 月 1 日起正式施行。

我国的《广告法》是指广告主、广告经营者和广告发布者在从事广告活动中所发生的各种社会关系的法律规范的总称。

广告主，是指为推销商品或者提供服务，自行或者委托他人设计、制作、发布广告的法人、其他经济组织或者个人；

广告经营者，是指受委托提供广告设计、制作、代理服务的法人、其他经济组织或者个人；

广告发布者，是指为广告主或者广告经营者发布广告的法人或者其他经济组织。

《广告法》第二条规定，在中华人民共和国境内从事广告活动的广告主、广告经营者、广告发布者，应当遵守本法。

一切广告都应当遵循广告发布标准，《广告法》的基本标准如下：

一、一般标准

广告准则的一般标准就广告内容而言，《广告法》第七条作出了具体规定："广告内容应当有利于人民身心健康，促进商品和服务质量提高，保护消费者合法权益，遵守社会公德和职业道德，维护国家尊严和利益。"

广告不得有下列情形：

·使用中华人民共和国国旗、国徽、国歌；

·使用国家机关和国家机关工作人员名义；

·使用国家级、最高级、最佳等用语；

·妨碍社会安定和危害人身、财产安全，损害社会公共利益；

·妨碍社会公共秩序和违背社会良好风尚；

·含有淫秽、迷信、恐怖、暴力、丑恶内容；

·含有民族、种族、宗教、性别歧视内容；

·妨碍环境和自然资源保护；

·法律、行政法规规定禁止的其他情形，例如，禁止发布将人民币变相作为奖券的广告，严格控制评比类广告，禁止发布移民广告等。

二、其他规定

一是广告不得损害未成年人和残疾人的身心健康。未成年人是指未满 18 周岁的公民。未成年人由于受年龄和生理特点的影响，对广告的接受和理解与成年人有很大的差异。广告协会在对 1996 年 10 月的《广告宣传精神文明自律规则》解释中就提到“广告应当有利于儿童的身心健康，注意培养儿童优秀的思想品德，不能出现和含有任何不利于儿童成长的内容或禁止儿童出现的行为”。

残疾人是指在心理、生理、人体结构上，某种组织、功能丧失或者不正常，全部或者部分丧失以正常方式从事某种活动能力的人。《广告法》规定广告不得损害残疾人的身心健康，不得利用残疾人的心理和生理的残疾作为广告宣传的内容，是为保障残疾人的合法权益和人格尊严，使其不因其身体、智力和精神上的缺陷而被人歧视、侮辱。

二是广告中对商品性能、产地、用途、质量、价格、生产者、有效期限、允诺或者对服务内容、形式、质量、价格、允诺有标示的，应当清楚、明白。广告中表明推销商品、提供服务的附带赠送礼品，应当标明赠送品种和数量。广告通过对商品一些具体内容的表述，使消费者可以了解到商品或服务的真实情况，并以此构成商品经营者或服务提供者对其商品或服务的明示担保。

三是广告使用数据、统计资料、调查结果、文摘、引用语，应当真实、准确，并标明出处。广告中涉及的专利产品或者专利方法，应当标明专利号和专利种类。未取得专利权，不得在广告中谎称取得专利权。禁止使用未授予专利权、专利申请和已经终止、撤销、失效的专利做广告。

四是广告不得贬低其他生产者、经营者的商品或者服务。贬低广告是指在广告中采用不公正、不客观、捏造、恶意歪曲事实、影射、中伤等不正当手法，损害他人商业信誉和商品信誉，进而削弱其他竞争对手能力的广告。

五是广告应当具有可识别性，能够使消费者辨明其为广告。大众传播媒介不得以新闻报道形式发布广告。通过大众传播媒介发布广告应当有广告标记，与其他非广告信息相区别，不得使消费者产生误解。也就是说，广告在其使用语言、文字、画面、图像等内容及其表现形式上能够轻易被识别。

三、几种特殊商品广告的法律规定

（一）药品、医疗器械广告

该类广告不得有下列内容：

一是含有不科学的表示功效的断言或者保证的。如“有病治病”、“包治百病”的暗示，“疗效最佳”、“安全无副作用”的保证等；说明治愈率或者有效率的；与其他药品、医疗器械的功效和安全性比较的；利用医药科研单位、学术机构、医疗机构或者专家、医生、患者的名义和形象作证明的；法律、行政法规规定禁止的其他内容。除了《广告法》规定的外，其他法规如《药品管理法》《医疗器械管理方法》《药品广告审查标准》《医疗器械广告审查标准》等对医疗器械、药品广告的发布标准作了进一步具体规定。在药品、医疗器械广告中对禁止内容有规定的，也必须严格遵守。

二是药品广告内容必须以国务院卫生行政部门或者省、自治区、直辖市卫生行政部门批准的说明书为准。国家规定应当在医生指导下使用的治疗性药品广告中，必须注明“按医生处方购买和使用”。

三是麻醉药品、精神药品、毒性药品、放射性药品等特殊药品，不得做广告。

（二）农药广告

该类广告不得有下列内容：

一是使用无毒、无害等表明安全性绝对断言的；

二是含有不科学的表示功效的断言或者保证的；

三是含有违反农药安全使用规程的文字、语言或者画面的。

（三）烟草广告

禁止利用广播、电影、电视、报纸、期刊发布烟草广告；禁止在各类等候室、影剧院、会议厅堂、体育比赛场馆等公共场所设置烟草广告；烟草广告中必须标明“吸烟有害健康”。

（四）食品、酒类、化妆品广告

该类广告的内容必须符合卫生许可的事项，并不得使用医疗用语或者易与药品混淆的用语。

广告违法行为，是指广告主、广告经营者、广告发布者违反《广告法》规定，设计、制作、发布广告的行为。主要包括违反广告准则的行为，违反广告活动管理的行为和广告侵权行为。我国《广告法》在法律责任方面确立了民事责任、行政责任和刑事责任这三种责任形式。广告违法行为，由广告监督管理机关和其他有关主管机关依照《广告法》规定，分别给予责令停止发布广告、公开更正、罚款、没收广告费用或违法所得等行政处罚，并对侵犯他人合法权益者追究民事责任。广告违法行为情节严重构成犯罪的，应依法追究刑事责任。

第三节　产品质量法

一、产品

中国的《产品质量法》第二条规定:“本法所称产品是指经过加工、制作,用于销售的产品……建设工程不适用本法规定。”同时,第七十三条还规定:“军工产品质监管管理办法,由国务院、中央军事委员会另行规定……因核设施、核产品造成损害的赔偿责任,法律、行政法规另有规定的,依照其规定。”

二、产品质量

在中国法学界一般认为,产品质量是指产品所具有的符合人们需要的各种特性,如安全、可靠、适用、经济、方便维修等。就是国家有关法规、质量标准以及合同约定的对产品适用及其他特性的消费要求,一般以产品的规格和技术条件表示。

三、生产者的产品质量义务

根据中国《产品质量法》第二十六条至三十二条规定,生产者的产品质量义务主要包括以下内容:

(一)生产者产品质量义务

生产者应当对其生产的产品质量负责。产品质量应当符合下列要求:

(1)不存在危及人身、财产安全的不合理危险,有保障人体健康和人身、财产安全国家标准、行业标准的,应当符合该标准。

(2)具备产品应当具备的使用性能,但是,对产品存在使用性能的瑕疵作出说明的除外。

(3)符合在产品或者其包装上注明采用的产品标准,符合以产品说明、实物样品等方式表明的质量状况。

(二)生产者的产品标识义务

产品或其他包装上的标识必须真实并符合下列要求:

(1)有产品质量检验合格证明。

(2)有中文标明的产品名称、生产厂厂名和厂址。

(3)根据产品特点和使用要求,需要标明产品规格、等级、所含成分的应予标明。

(4)限期使用的产品应在显著位置清晰地标明生产日期和安全使用期或者失效日期。

(5)使用不当容易造成产品本身损坏或可能危及人身财产安全的产品应当有警示标志或者中文警示说明,裸装的食品或其他难以附加标识的裸装产品,可以不附加产品标识。

(6)易碎、易燃、易爆、有毒、有腐蚀性、有放射性等危险物品以及储运中不能倒置和其他有特殊要求的产品,其包装质量必须符合相应的要求,依照国家有关规定作出警示标志或者中文警示说明,标明储运注意事项。

(三)生产者的禁止性义务

生产者的禁止性义务主要有如下方面的内容:

(1)生产者不得生产国家明令淘汰的产品。

(2)生产者不得伪造产地,不得伪造或者冒用他人的厂名、厂址。

(3)生产者不得伪造或冒用各种质量认证标志。

(4)生产者生产产品,不得掺杂、掺假,不得以假乱真,以次充好,不得以不合格产品冒充合格产品。

四、销售者的产品质量义务

(一)销售者作为的义务

销售者应当以积极作为的方式保证其销售的产品质量。具体包括如下方面的内容:

(1)销售者应当建立并执行严格的进货检查验收制度,验明产品合格证明与标识,从源头上杜绝不合格产品进入流通领域。

(2)销售者应当采取各种措施,保持销售产品的质量。

(3)销售者销售产品或者其包装上的标识必须真实可靠并

符合法定要求。

(二)销售者的不作为义务

(1)生产者不得生产国家明令淘汰的产品。

(2)生产者不得伪造产地,不得伪造或者冒用他人的厂名、厂址。

(3)生产者不得伪造或冒用各种质量认证标志。

(4)生产者生产产品,不得掺杂、掺假,不得以假乱真,以次充好,不得以不合格产品冒充合格产品。

五、产品质量责任

产品质量责任,指产品的生产者、销售者,违反了产品质量法规定的产品质量义务,因产品存在缺陷造成消费者人身财产损害时,根据产品质量法规定应当承担的责任。

《产品质量法》第四十一条规定,生产者有下列情形之一的,不承担赔偿责任。即:未将产品投入流通的;产品投入流通时引起损害的缺陷不存在的;将产品投入流通时的科学技术水平尚不能发现有缺陷存在的。

六、损害赔偿的范围

(一)人身伤害的赔偿

中国《产品质量法》第四十四条第1款规定了人身伤害的损害赔偿范围。因产品存在缺陷造成受害人人身伤害的,侵害人应当赔偿医疗费、治疗费、治疗期间的护理费、因误工减少的收入等费用;造成残疾的,还应当支付残疾者的生活自助具费、生活补助费、残疾赔偿费以及由其抚养的人所必需的生活费等费用;造成受害人死亡的并应当支付丧葬费、死亡赔偿金以及由死者生前抚养的人所必需的生活费等费用。

(二)财产损失的赔偿

因产品存在缺陷造成受害人财产损失的,侵害人应当恢复原状或者折价赔偿。受害人因此遭受其他重大损失的,侵害人应当赔偿损失。另外,如果产品存在缺陷造成产品本身损失的,属合同关系问题,由民法与合同法救济。

(三)精神损害的赔偿

所谓精神损害一般是指公民的人格受到非财产性损失,给受害人造成了精神上的痛苦。2001 年最高人民法院颁布的《关于确定民事侵权精神损害赔偿责任若干问题的解释》中规定,自然人的生命权、健康权、身体等遭受非法侵害的可以请求赔偿精神损害。其中,致人死亡的"死亡赔偿金"、致人残疾的"残疾赔偿金"、其他精神损害的"精神抚慰金"等都属于精神赔偿的范围。

七、产品质量争议处理

中国《产品质量法》规定:"因产品质量发生民事纠纷时,当事人可以通过协商或调解解决。当事人不愿通过协商、调解解决或者协商、调解不成的,可以根据当事人各方的协议向仲裁机构申请仲裁;当事人各方没有达成仲裁协议的,可以向人民法院起诉。"

第四节　劳动法

《劳动法》又称劳工法,有广义和狭义两种概念:狭义的《劳动法》指 1994 年 7 月 5 日第八届全国人民代表大会常务委员会第八次会议通过,并于 1995 年 1 月 1 日实施的《中华人民共和国劳动法》。广义的劳动法是指调整劳动关系以及与劳动关系有密切联系的所有法律规范的总称。

《劳动法》界定了劳动法的概念、调整的对象及原则;明确劳动法律关系;强调劳动就业;规范劳动合同。其中,劳动基准法规定了工时法律制度、工资法律制度、劳动保护法律制度,以及劳动争议及法律制度。劳动法包含的内容很多。新农村经纪人要着重了解与劳动就业和劳动合同有关的法律法规。

一、劳动就业

劳动就业是指具有劳动能力的公民在法定劳动年龄内从事

某种有一定劳动报酬或经营收入的社会职业。它的特点是:

(1)劳动者是具有劳动权利能力和劳动行为能力的公民,包括法定劳动年龄内能够参加劳动的盲、聋、哑和其他有残疾的公民。

(2)劳动者必须从事法律允许的有益于国家和社会的某种社会职业。

(3)劳动者所从事的社会职业必须是有一定的劳动报酬,或经营收入,能够用以维持劳动者本人及其赡养一定家庭人口的基本生活需要。

二、劳动就业原则

劳动就业原则是指劳动法规定的劳动就业工作必须遵循的基本准则,根据劳动法的规定,劳动就业原则有以下几项。

(1)国家促进就业原则。国家促进就业是指国家采取各种措施创造就业条件和扩大就业机会。

(2)平等就业原则。平等就业是指劳动者享有平等的就业权利和就业机会。

(3)劳动者与用人单位相互选择原则。劳动者与用人单位相互选择是指劳动者自由选择用人单位、用人单位自主择优录用劳动者。

(4)劳动者竞争就业原则。劳动者竞争就业是指劳动者通过用人单位考试或考核竞争取胜而获得就业岗位。

(5)照顾特殊群体人员就业原则。特殊群体人员是谋求职业有困难或处境不利的人员的统称(包括妇女、残疾人、少数民族人员、退役的军人等)。用人单位录用职工时,除国家规定和不适合妇女从事的工种或者岗位外,不得以性别为由拒绝录用妇女或者提高对妇女的录用标准。

(6)禁止未成年人就业原则。未成年是指未满 16 周岁的公民。未成年人正处在长身体、长知识时期,为了保障未成年人健康成长,限制未成年人就业年龄是非常必要的。因此,国家规定禁止用人单位录用未满 16 周岁的未成年人,并且具体规定:禁止国家机关、社会团体、企事业单位和个体工商户、城镇居民等使用童工；禁止各种职业介绍机构以及其他单位和个人为未满16周岁的少年儿童介绍就业，禁止各级工商行政管理部门为未满16周岁的少年儿童发个体营业执照；父母或其他监护人不得允许未满16周岁的子女或被监护人做童工。文艺、体育和特种工艺单位招用未满16周岁的未成年人，必须依照国家有关规定履行审批手续，并保障其接受义务教育的权利。

三、劳动合同

(一)劳动合同的含义

劳动合同亦称劳动契约，是指劳动者与用人单位之间为确立劳动关系，依法协商达成的双方权利和义务的协议。劳动合同是确立劳动关系的法律形式。

(二)劳动合同的分类

(1)有固定期限的劳动合同(亦称定期劳动合同)，是指双方当事人规定合同有效起止日期的劳动合同。期限一般为1年、3年、5年等。劳动合同期限届满，劳动合同就宣告终止。

(2)无固定期限的劳动合同(亦称无定期劳动合同)，是指双方当事人不规定合同终止日期的劳动合同。在劳动合同书上只写明合同生效的起始日期，没有规定合同终止日期。《劳动法》规定：劳动者在同一用人单位连续工作满10年以上，当事人双方同意续延劳动合同的，如果劳动者提出订立无固定期限的劳动合同，应当订立无固定期限的劳动合同。

(3)以完成一项工作为期限的劳动合同，是指双方当事人将完成某项工作或工程做合同终止日期的劳动合同。当该项工作或工程完成后，劳动合同自行终止。

(三)劳动合同的内容

劳动合同的内容，是指当事人双方达成的劳动权利义务的具体规定，劳动法规定劳动合同应当以书面形式订立。

第五节　食品卫生法

一、食品卫生法概述

食品卫生法是保证食品生产卫生，防止食品污染、变质和有害因素对人体造成危害，减少食源性疾患，保障人体健康，增强人民体质的有关法律、法规的总和。1995 年 10 月 30 日，《中华人民共和国食品卫生法》（以下简称《食品卫生法》）经第八届全国人民代表大会常务委员会第十六次全体会议审议通过。

二、食品卫生要求

（一）食品的卫生

对食品生产经营过程的卫生要求具体规定。这些要求概括起来就是：

（1）创造对食品生产、经营有利的内外环境。从大环境看包括：厂房、场地、污水排放、生产设备以及必要的通风、采光、照明、消毒等措施；在小环境方面则包括：盛装容器、包装材料消毒，清洁卫生等。

（2）防止交叉污染，食品不得与有害物质、不洁物质接触，洗涤剂、消毒剂应对人体安全、无害。

（3）食品生产经营人员的个人卫生，以及生产经营中必须遵守的卫生制度等。

对禁止生产经营的十二类食品进行了规定，这十二类不得生产经营的食品是：

主要是霉变污染毒害食物，包括：受物理因素、化学因素、生物因素及其他因素污染的食物；掺假掺杂，影响食物的营养的食物；使用或加入非食品原料的食物；超过保存期限的食物以及其他应被禁止生产经营的食物。第六条至第十条规定的食品卫生要求，是对食品生产经营单位采取的强制性要求，是食品生产经营企业必须遵守的规范，是食品卫生监督行政部门在履行国家授予的权利、开展食品卫生监督工作的法律依据。此外,在经常性管理监督工作中,只要食品卫生监督员认定某种食品对消费者有可能造成危害,那么这种食品就应在“禁止生产经营”之列。这些规定从预防为主的方针出发,表明了国家对人民群众的健康从严保证的一贯原则。

(二)食品添加剂的卫生要求

对生产、经营和使用食品添加剂的卫生要求作了规定。目前,我国允许使用并制定有国家标准的食品添加剂有抗腐剂、抗氧化剂、发色剂、漂白剂、酸味剂、凝固剂、疏松剂、增稠剂、消泡剂、着色剂、乳化剂、品质改良剂、抗结剂、香料、营养强化剂、酶制剂、鲜味剂等20类。由于食品添加剂不是食品,而是为食品生产加工的需要而加入的食品本身以外的物质,其中,有些物质存在一定的毒性,因此,该条规定对食品添加剂的生产、经营和使用进行严格的卫生监督管理。卫生部制定的《食品添加剂卫生管理办法》对此作了具体规定。

(1)对食品添加剂品种的控制。允许生产、经营和使用的食品添加剂必须是《食品添加剂使用卫生标准》所列的品种。若要生产、经营或使用未列入该标准的品种必须经食品添加剂标准化技术委员会审议通过后,报卫生部批准,并将其列入由卫生部制定发布的《食品添加剂使用卫生标准》。

(2)严格控制食品添加剂的使用范围和使用量。根据被加工食品的理化性质、感观要求、营养学特征和主要食用对象不同,确定各种食品添加剂的使用范围。鉴于食品添加剂具有毒性,确定食品添加剂的使用量,必须经过食品安全性毒理评价,在该使用剂量范围内,人体长期摄入应无毒害作用。不得使用食品添加剂来掩盖食品的缺陷或作为伪造的手段;使用食品添加剂的食品不得有夸大或虚假的宣传内容;生产、经营和使用食品添加剂应严格遵守质量标准。进口食品添加剂,必须符合我国《食品添加剂使用卫生标准》,进口未列入其中的食品或进口食品中加入的食品添加剂不符合上述标准规定时,必须按有关卫生管理办法的规定报卫生部批准。

（三）禁止食品加药

“食品不得加入药物，但是，按照传统既是食品又是药品的作为原料、调料或者营养强化剂加入的除外。”该条的含义有二：

（1）食品不得加入药物。依《中华人民共和国药品管理法》规定，药品指用于治疗、预防、诊断个人疾病或计划生育，并规定有适应性、用法、用量的医药用品。食品中不得加入药物，目的在于界定食品与药品的区别，防止在食品中滥加药物，避免无病吃药，保护消费者健康。

（2）几种例外。即按照传统既是食品又是药品的物品可以作为食品加入的，例如：国务院卫生行政部门批准公布的刀豆、姜、枣、山药等69个物品；其次，是作为调料加入食品的，其加入量较小，不会引起食品成分的明显变化；再次，含有或者本身就是允许使用的营养素，可以作营养强化剂加入食品，使用量和使用范围应当符合食品营养强化剂使用卫生标准。

（四）食品容器、包装材料、工具和设备的卫生规定

对接触食品的一些物品及生产这些物品的原材料的卫生作出了规定，不仅食品容器、包装材料和食品用工具、设备必须符合卫生标准和卫生管理办法的规定，而且生产这些物品的原材料也必须符合卫生标准，生产出来的产品应当便于清洗和消毒。

三、食品卫生管理

食品卫生管理是指食品生产经营管理部门和食品生产经营企业所进行的自身卫生管理。

（一）卫生管理的组织机构

该法规定，各级人民政府的食品生产经营管理部门应当加强食品卫生管理工作，并对执行本法情况进行检查；食品生产经营企业应当健全本单位的食品卫生管理制度，配备专职或者兼职食品卫生管理人员，加强对所生产经营食品的检验工作。

(二)卫生管理的主要内容

(1)防止生产经营环境对食品的污染。因此,食品生产经营企业的新建、扩建、改建,从设计到建设都要符合卫生要求,这是发放卫生许可证的前提。为防止和消除食品污染,保证食品卫生,该法第十九条对此作出了规定。

(2)加强对食品新资源、食品添加剂等的新品种使用的管理,规定了按照食品卫生标准的申请、审批的程序。

(3)对食品、食品添加剂的标识或者产品说明书、必须具有法定的事项,内容要真实,标识要清楚。

(4)对食品等,不经检验合格不准出厂销售。为促进企业提高管理水平,防止不合格的产品出厂,保证消费者适用安全。

(5)对食品生产经营人员实行健康检查制度。凡患有痢疾、伤寒、病毒性肝炎等消化道传染病(包括病原携带者)、活动性肺结核、化脓性或者渗出性皮肤病以及其他有碍食品卫生疾病的,不得参加或接触直接入口食品的工作,食品生产经营人员每年必须进行健康检查、新参加工作和临时参加工作的食品生产经营人员必须进行健康检查,取得健康证明后方可参加工作。

(6)实行卫生许可制度,未取得许可的,不得从事食品生产经营。

(7)加强对食品市场、城乡集市贸易的食品卫生管理,明确管理责任。

(8)进口食品、食品添加剂等,由口岸进口食品卫生监督检验机构进行卫生监督、检验;检验合格的,海关才予以放行,在国内市场上则依法统一进行监督管理。

(9)出口食品由国家商检机构进行卫生监督、检验。

第十章　新农村经纪人行纪的具体运作

第一节　新农村经纪人行纪过程的内容及行纪过程

一、经纪人经纪活动的内容

(一)信息传递

这是农村经纪人的基本职能。新农村经纪人接受商品供给或需求一方的委托,带着供给或需求一方的信息去寻找相应的需求方或供给方,从中牵线搭桥,促成交易,在完成经纪业务后,新农村经纪人收取相应的佣金。在这种活动过程,新农村经纪人只是为供求双方相互交流的机会,撮合双方成交。

(二)代表一方进行谈判

通常新农村经纪人通过提供信息把供求双方联系起来,但在交易条件上双方可能出现较大的分歧。在这种情况下,经过委托人的授权,新农村经纪人可以代表委托人与交易对方进行谈判。当然,这种谈判必须在委托人授权范围之内进行,对任何超越授权范围的经纪行为,都应事先征求委托人的同意,并把谈判进程及时向委托人通报。

(三)交易咨询

在交易者不大熟悉商务、法律等事宜时,新农村经纪人可以提供咨询,并协助办理有关手续。例如,为委托方制定的价格提供信息反馈,协助企业搞市场调查、分析和预测等工作。

(四)为交易活动草拟文件

新农村经纪人可以根据委托方的意思,进行经纪活动中有关文件的草拟工作。交易文件具有法律效力,涉及双方当事人的经济利益,因此,交易文件虽可由新农村经纪人代为草拟,但必须通过协商最终确定,并由当事人签名盖章。

(五)为交易提供保障

新农村经纪人的活动和职能,是交易安全的一种保障,起着经济担保的作用,这种担保不是负连带赔偿责任的担保,而是以信誉条件保证交易能够完成的契约。

二、新农村经纪人行纪过程

(一)第一程序:接受委托

委托是经纪运作程序的第一步,没有委托便没有经纪中介业务。委托又称委任,是指当事人和新农村经纪人双方约定,当事人为委托(委任)人,新农村经纪人为受托(受任)人。新农村经纪人可受卖方委托向第三方推销其产品,宣传、介绍交易的数量、质量、性能特征、适应范围和经济效益等,为其选择有需求并且具有较强实力的买家;也可受买方委托为其选择急需的、质量上乘的产品。

在接受委托时,新农村经纪人首先应通过各种手段弄清委托人的意图。是买方,就要搞清其可能接受的最高价;是卖方,应掌握其最低卖出价。另外,还要弄清付款方式、交货条件、交货期限、标的物目前的状态、性能、信用证等。只有搞清上述情况,新农村经纪人在接受委托时才会心中有数。

新农村经纪人在接受委托人的委托后,必须承担以下义务:

(1)新农村经纪人所处理的事项,应是委托人所委托的事务。新农村经纪人应按照委托人的要求处理,不得违背委托人的意愿。

(2)新农村经纪人在经纪运作中必须事必躬亲。委托人委托新农村经纪人是建立在对他能力信任的基础上的,因此新农村经纪人接受委托后,应当亲自处理各项事务,不得将委托的事务转托其他人。如果需要转托其他人,必须事先征得委托人的同意。

(3)及时报告处理事项的情况。新农村经纪人在经纪活动过程中,应随时向委托人报告事务处理的进展情况、存在的问题等,以使委托人及时了解情况;找到合适的合作伙伴后,新农村经纪人应及时向委托人汇报最终结果,促成交易。

(4)妥善保管委托人交付的样品、预付款、保证金。在经纪活动结束后,应及时退还给委托人。

(5)新农村经纪人由于自己的过错,给委托人造成损失,应当依约履行赔偿责任。

(二)第二程序:要约和承诺

1. 要约

是指当事人的一方(要约方)以缔结合同为目的,向对方(相对人)即受约人所作的一种意愿表示。也就是由一方通知另一方表示有与他订约的一种意愿。要约内容必须具体明确。要约人提出要约时,除了表示订立合同作出承诺的时间和方式,以便受要约人考虑是否接受要约。

要约人在得到受要约人的认可后,要约开始生效。在要约的有效期内,要约人受到要约的约束,有与受要约人订立合同的义务。对此要约人必须认真对待,不得随便撤回要约。

2. 承诺

是指受要约方按照要约方所指定的方式和时间,同意接受要约方发出的要约内容的一种答复。承诺的内容与要约的内容相同,有效承诺必须是:①由受约人作出。②在要约有效期内作出。③与要约内容完全一致。如果受要约人将要约的内容加以修改或补充,就不是承诺,而是一种反要约,即要向原要约人提出要约,而经原要约人的承诺,合同才能成立。④承诺的传递方式必须符合要约人所提出的要求。

承诺一般以通知的方式作出,如果根据交易习惯或者要约方表明可以通过行为作出承诺也可以视同承诺。承诺通知到达要约方时生效。承诺生效的地点为合同成立的地点，承诺生效时合同成立。

承诺可以撤回。撤回承诺的通知应该在承诺通知到达要约方之前或与承诺通知同时到达要约方。

（三）第三程序：促成交易

通过对交易伙伴资信和履约能力的调查了解后，新农村经纪人可及时撮合交易成交，这是经纪活动的最终目的，也是经纪程序的最后过程。一般地，促成交易要经历三个步骤：

1. 按委托方要求，寻找交易对方

通过调查了解后，确信对方资信情况良好，履约能力强，就可选择恰当的时间和较好的环境，让交易双方见面洽谈。这个环节很重要，一定要把握时机，不可匆忙。

2. 业务洽谈，引导委托方和相对方顺利成交

新农村经纪人在双方洽谈中必须始终保持中立地位，充分发挥新农村经纪人应有的应变能力和协调能力，促成交易。

3. 收取佣金

按照经纪合同及时结清的特点，佣金数额由新农村经纪人和委托人通过合同约定，其约定标准可依国内、国际的惯例，也可双方协商确定。佣金的提取可采用比例提成法和总额承包法获得。

科学的经纪动作程序来自社会经纪的实践活动，经纪活动成功率的高低，很大程度上取决于经纪机构的健全、完善和成熟程度。

第二节　农村主要经纪业务

经纪活动与市场经济的运行是相依相随的，进入市场不单有琳琅满目、千差万别的商品，而且有形形色色的服务，可以说市场上有多少种商品交易和服务，就可能有多少种的经纪业务。当前农村市场经济中出现的主要经纪业务有以下 6 种。

一、农村现货商品经纪业务

农村现货商品经纪人的经纪业务主要是为商品寻求买方或寻求卖方，即通过新农村经纪人的牵线搭桥，促成商品供求双方买卖成交。帮助商品生产者实现使用价值向价值的转化，这是现代农村最基本、最大量的经纪活动。

二、农村技术转化经纪业务

我国农业科学研究成果转化率低，许多农村为找不到适合自己的技术成果而困扰，而相当一些科研单位和大专院校又为开发出的技术成果找不到买方而苦恼。这种科研与农村生产脱节的状况，需要农村技术经纪人为双方牵线搭桥，促使科技成果转化为现实的生产力。这是为促成他人的技术交易而从事中介居间、行纪或代理，并取得合理佣金的经纪活动。

三、农村信息经纪业务

广大农民渴求信息，但受社会、经济、技术等的限制，不能及时得到适用的信息，农村信息经纪人可以利用自己的优势，开展信息经纪活动为农民提供信息服务。农村信息经纪人可根据实际需要和可能，为信息接受人提供接收、整合、传播和交流各种信息的服务，收取信息服务费。随着信息社会的迅速发展，农村信息经纪业务也会随着增加。

四、农村劳动力转移经纪业务

随着中国农村经济结构调整的深入进行，农村富余劳动力越来越多地流向市场，转向非农产业，特别是到大中城市打工，会遇到很多困难，十分需要有人帮助和引导，农村劳动力经纪业务就是为农村劳动力转移提供中介服务，并收取合理佣金或服务费的经纪活动。

五、农村保险经纪业务

农村生产和农民收入始终面临自然风险和社会风险的困扰。

保险作为经济保险制度,在农村有巨大的市场。鉴于保险业务的不断拓展,承保技术的日趋复杂,如果没有保险中介人发挥代理作用,保险是难以完成的。农村保险经纪业务是指农村保险经纪人代表投保人选择保险公司,洽谈保险合同条款,代办保险手续的经纪活动。由于农村保险经纪人实际上是在为保险公司招揽生意,因此农村保险经纪人的报酬由保险公司支付。

六、其他经纪业务

随着农村市场经济的发展和城乡经纪业务的拓展,农村还将不断出现房地产经纪业务、期货经纪业务、文化经纪业务和维权经纪业务等。

第三节　新农村现货农产品经纪人业务运作

一、农村现货农村经纪人的概念

农村现货农村经纪人,是指专门从事现货农产品交易而收取佣金的中间商人。农村现货农村经纪人的主人业务活动是为买方寻求卖方,为卖方寻求买方,即通过农村现货农村经纪人为现货农产品买卖双方牵线搭桥,促使供求双方完成交易的中介服务。从理论上讲,农村现货农村经纪人的业务活动,就是使产品转化为商品,使商品生产者的个别劳动转化为社会劳动。

新农村现货农村经纪人,一般不拥有农产品所有权,但在市场经济的初级阶段,由于农村经济的特殊性,农村现货农村经纪人兼有农产品的集采和营销权。他们除了通过中介服务,收取佣金外,还可以通过农产品购销差价,获得利益。但新农村现货农村经纪人不从买卖当事人的任何一方领取固定的薪金。

二、新农村现货农村经纪人的经纪方式

在农村现货商品市场中,经纪人的经纪方式多种多样,主要有以下 3 种类型。

(1)代购代销。农村经纪人可以接受外地客户的委托,在本

地或交通便利的地方设点收购委托人所需的农产品，再批发给客户；或者可以为外地客户提供相关的农产品信息、组织货源，协助客户与农民商谈价格，从中收取中介服务费。

(2)委托购销。对于本地农民生产的农产品，经纪人可以接受农民的委托在目标市场或其他地方设立销售点，然后与该地经纪人共同协作。具体做法是：由当地经纪人负责提供市场行情和销售渠道，由本方农村经纪人负责组织货源和运输。这样双方经纪人联手经纪，把农产品推向市场。

(3)分购联销。这种方式由多个农村经纪人在农村设立不同的收购点，然后统一组织外销的一种经纪形式。在农户分布比较分散或外销的农产品数量比较大的情况下，需要多个农村经纪人共同合作，使农产品相对集中，便于外销。

第四节　新农村技术转化经纪人业务运作

一、新农村技术转化经纪人及其职能

新农村技术转化经纪人，是技术商品交易的中间商人，是技术市场上的重要推动力量之一。国家科委颁布的《技术经纪资格认定暂行办法》中规定：技术经纪人是指在技术市场中，以促进科技成果转化为目的，为促成他人技术交易而从事中介居间、行纪或代理等，并取得合理佣金的经纪业务的公民、法人和其他经济组织。狭义的技术转化经纪人是指专门从事为技术交易提供中介服务的个人。

目前，我国农业科研成果转化率低。许多农村为找不到适合自己的技术成果而困扰，相当一些科研单位又为开发出的技术成果找不到买方而苦恼。这种科研与农业生产脱节与缺少技术转化经纪人为双方牵线搭桥有关。随着技术成果商品化和技术市场开拓与发展，大力培植农村技术转化经纪人队伍、加速科技成果转化成为促进农村生产力发展的必然选择。

新农村技术转化经纪人既可以是技术经纪公司，技术经纪事

务所等法人组织,也可以是自然人。

二、技术转化经纪人的经纪业务

(一)经纪项目委托与决策

技术商品的经纪活动受到法律的严格规范,其中最主要的是《合同法》中有关技术合同的规定。因此,在客户向技术经纪人提出买卖委托的要求后,技术经纪人不能贸然地接受,必须注意以下3个方面的问题:

分析技术成果的权属:技术成果有职务技术成果与非职务技术成果之分,前者的所有权属于国家科研单位、大专院校、集体研究机构等法人组织;后者的所有权属于个人。新农村技术转化经纪人在技术成果转让的中介服务中,首先必须弄清所有权的归属。

辨别技术成果的合法性:在国家颁布的一些科学技术法规中,有些科技成果是不允许新农村技术转化经纪人参与经纪的。例如,国家基础科学的研究及其成果转化,国家尖端保密科技研究成果及其转化,破坏植被、造成环境恶化、违反涉外政策的科技转让等。新农村技术转化经纪人必须充分了解国家的有关政策、法规,只要发现有不允许中介或经纪的技术成果,即使接到了有关方面的委托,也不应该经纪。只有这样,才能保证自己的经纪活动建立在合法的基础上。

了解技术成果的开发价值:新产品、新技术是否具有开发价值,这对需求方农村来说至关重要,它关系到农村开发此项技术能否取得预期的经济效益,关系到一个地方"三农"发展的大事。因此,新农村技术转化经纪人应为双方着想,特别是要为技术需求方的农村、农民考虑。该项技术是否具有开发价值,则一定要在接受委托前,最迟要在委托双方签订合同之前帮助购买者作出正确的抉择。

(二)签订技术转化经纪委托书

技术转化经纪委托书,是指新农村技术转化经纪人或技术经纪机构为技术商品买方购买技术商品或者为技术商品卖方推销技术商品时,接受技术买方或卖方委托,为明确当事人之间的责权利、义务所订立的证明文书。

经纪委托书的作用:订立技术中介委托书,是委托新农村技术转化经纪人进行技术商品交易中必需的一个环节,它具有以下重要的作用。

(1)开展经纪业务的依据。有了技术中介委托书,新农村技术转化经纪人才能够开展经纪活动,并且只能在委托授权的范围内开展技术经纪业务,不能超越委托权限。

(2)维护新农村技术转化经纪人的权益。订立技术经纪委托书,可以防止新农村技术转化经纪人和技术经纪机构被技术商品卖方或买方甩掉,从而保证自身合法权益的实现。

(3)解决经纪争议和纠纷的凭据。严谨的技术转化经纪委托书不仅是委托方和受托方行使权利和履行义务的依据,而且是解决争议和纠纷的重要证据,可以克服口头委托空口无凭的问题。

(三)技术商品的价格确定

技术商品与一般商品的价格确定不完全相同,具有价值和价格不确定性的特征,这给技术商品的买卖增加一定的难度,正因为如此,在技术商品价格确定的过程中,新农村技术转化经纪人不仅要懂得技术商品价格的确定方式和有关原则,而且还要掌握定价谈判的经纪技巧。

技术商品价格的不确定性,决定了技术商品交易只能由技术买卖双方采取自由议价的方式来确定技术商品的价格,技术商品自由议价形式包括以下两大类。

(1)一次性议价。一次性议价是指供需双方对某项技术商品议定转让价格,一次转让,一次付款的方式。这种议价方式对卖方是有利的,因此转让价格一般要低一些,但有可能使买方承担较大的风险和责任。因为买方一次付清款项后,有可能出现卖方对技术商品售后服务不负责任。而且买方在技术应用前,一次性支付技术转让费也有资金周转困难。所以,这种方式的交易,对买方而言是不太公平的。

(2)效益分成定价。效益分成定价是自由议价方式中比较理想的议价方式。因为,除了买卖双方可自由平等地确定价格外,更主要的是效益分成是在技术商品应用中取得实际效益之后进行的,这样,技术商品的价值能够得到比较全面、客观、公正的检验和评价,因而技术商品的价格确定更科学、更正确。但由于效益分成的自由议价有多种形式,其中有些也可能包含一些不公平的因素,因此,仍需进行比较和选择。

在买卖双方议定价格时,新农村技术转化经纪人不仅要为委托人选择科学的价格确定方式,而且必须注意效益分成议价中的分成所限问题。效益分成的时间要领既不是无限期的,也不能在尚未充分发挥技术商品效率时短期内分成。可以参考技术商品应用所获得产品的生命周期曲线来确定,一般为2~3年,多则可达5年。

(四)订立技术合同

订立技术合同是科技成果转让的重要环节。技术转化经纪人在这一环节上的经纪工作是:与客户订立技术中介合同,代理客户订立技术合同,督促合同有关当事人履行技术合同约定的义务。

1. 代订技术合同

代订技术合同是新农村技术转化经纪人或技术中介机构以委托人的名义与第三方订立的技术合同,是技术转化经纪一项重要任务。在技术商品转让中,客户可以借助代理人的专业技术知识、法律素养、工作经验、联系渠道和业务条件实现自己的目的,技术转化经纪人或技术中介机构则通过技术经纪服务,取得经济效益。法人、公民与技术经纪人或技术中介机构通过建立技术合同关系,可以从法律上保障技术转让工作的顺利进行,从而促进技术成果转化为生产力。

此外,代理人应把与履行合同有关的技术背景资料、可行性论证和技术评价报告、项目任务书和计划书、技术标准、技术规范、原始设计和工艺文件,以及有关图纸、表格、数据和照片等,根据当事人的协议作为合同的附件形式加在正式技术合同之中。

2. 敦促履行合同的约定

新农村技术转化经纪人应督促委托人认真履行合同,若委托方违反合同,造成研究开发工作停滞或者失败,应支付违约或赔偿损失;同样,研究开发方违反合同,造成研究开发工作延误,除应当采取补救措施继续履行合同外,应当支付违约金或赔偿损失,造成研究开发工作失败的应退回全部或部分研究开发经费和报酬,支付违约金或赔偿损失。

3. 敦促义务的履行

若当事人双方订立是技术咨询合同,则新农村技术转化经纪人有责任督促技术咨询合同的委托方按照合同的约定提供技术背景材料及有关技术说明,按期接收顾问方的工作成果,并向对方支付报酬。同时,新农村技术转化经纪人也应督促技术咨询合同的顾问方履行其义务,包括按照合同约定期限完成合同规定要求的咨询报告,若技术咨询合同的委托方违约,从而影响工作进度和质量,则其所付的报酬不得追回,而且未付的报酬应当如数支付;若技术咨询合同的顾问方违约,则应当减收或免收报酬,并支付违约金或者赔偿损失。

4. 订立技术中介合同及其条款

通过协商,在技术交易的双方订立技术合同的同时,新农村技术转化经纪人还应与委托人订立中介合同,也可以在交易双方订立的技术转让合同中约定相关的中介条款。由委托方与新农村技术转化经纪人订立的技术中介合同,在委托方和经纪人签名、盖章后成立。

第五节 新农村劳动力转移经纪人业务运作

一、农村劳务经纪人的概念和类型

农村劳务经纪人是为劳务供求双方提供中间或者代理服务,

充当农村劳务供求中介，并收取服务费的公民、法人和其他经济组织。它迎合了农业、农村和农民的发展需求，在企业和农民、城市和农村之间筑起了沟通桥梁。它是农村劳务经纪发展的必然产物，也是推动农民走向市场经济的重要力量。

目前农村劳务经纪人的类型主要有以下几种：

（1）以公司形式出现的农村经纪人合法组织。劳务经纪公司有法人代表，有明确的产权关系，因此运行效率高，市场开拓和抵御风险的能力较强，信息资源的综合利用水平较高，是未来新农村经纪人发展的必然方向。

（2）专业协会形式。这类协会是自发组建的，没有明确的产权关系，本着民办、民管、民受益的原则，因此运行效率也较高，有利于市场信息流通。

（3）以信息中介服务站为依托的方式，提供一定的市场信息，获取信息服务费。

（4）个体经纪人，主要以个人为单位活动，这是一种原始的组织形式。单独经营必然导致社会总体交易成本过高，且个体抵御风险能力较差，因此效率特别低。

二、农村劳务经纪人经纪活动内容

农村经纪业务主要有6种：农村现货商品经纪业务、农村技术转化经纪业务、农村信息经纪业务、农村劳动力转移经纪业务、农村保险经纪业务及其他经纪业务。其中农村劳动力转移经纪业务也就是农村劳务经纪业务。农村劳务经纪人经纪活动内容主要有：

（一）信息传递

信息传递是农村劳务经纪人的基本职能。农村劳务经纪人接受工作供给或需求一方的委托，带着供给或需求一方的信息寻找相应的需求方或供给方，从中牵线搭桥，促成交易，在完成经纪业务后，经纪人收取相应的佣金。在这种活动中，农村劳务经纪人只是为供求双方提供相互交流的机会，撮合双方成交。

（二）代表一方进行谈判

通常，劳务经纪人通过提供信息把供求双方联系起来，但在交易条件上双方可能出现较大的分歧。在这样的情况下，经过委托人的授权，劳务经纪人可以代表委托人与交易对方进行谈判。当然，这种谈判必须在委托人授权范围之内进行，对任何超越授权范围的经纪行为，都应事先征求委托人的同意，并把谈判进程及时向委托人通报。

（三）交易咨询

在交易者不熟悉商务、法律等事宜时，劳务经纪人可以提供咨询并协助办理有关手续。比如为委托方制定的价格提供信息反馈，协助企业搞市场调查、分析和预测等工作。

（四）为交易活动草拟文件

劳务经纪人可以根据委托方的意思，进行经纪活动中有关文件的草拟工作。交易文件具有法律效力，涉及双方当事人的经济利益。因此，交易文件虽可由劳务经纪人代为草拟，但必须通过协商最终确定并由当事人签名盖章。

（五）为交易提供保障

劳务经纪人的活动和职能，是交易安全的一种保障，起着经纪担保的作用。这种担保不是负连带赔偿责任的担保，而是以信誉条件保证交易能够完成的契约。

（六）劳务派遣

劳务派遣是农村劳务经纪的新方式，是指用人单位将人力资源外包给劳务派遣机构的一种形式。也就是用人单位根据实际工作需要，向劳务派遣机构提出所需人员的标准和工资待遇，由派遣机构通过市场招聘、查询人才库等方式搜索合格人员，把筛选合格的人员送交用人单位，由用人单位确定最终人选。然后，用人单位与派遣机构签订劳务派遣合同，被聘人员与派遣机构签订劳务合同，用人单位与劳务人员签订劳务协议，用人单位与劳动者之间只有雇佣关系，没有聘用合同关系。其中，劳务派遣机构（劳务经纪人）的主要工作流程为：

(1)业务咨询。初步了解双方意向，确认合法资质，交换公司基本情况并加以说明。

(2)分析考察。依据用人单位提出的要求，对实际工作环境、岗位进行了解，如有必要可进行实地考察。

(3)提出派遣方案。根据用人单位要求及现有状况，制订劳务派遣方案。

(4)洽谈方案。双方研究、协商劳务派遣方案内容，并在合法用工的前提下修改、完善派遣方案。

(5)签订劳务派遣合同。与用人单位签订劳务派遣合同，明确双方权利和义务，分清法律责任。

(6)招聘人员。从当地人才市场或者乡村以广告等形式招聘符合条件的员工，对其实施岗前培训及考核后派往各用人单位。

(7)用人单位考核。用人单位根据《劳务派遣合同》中的标准、考核办法、考核程序，对劳务经纪人所提供的人员进行考核，合格之后与务工人员签订劳动协议。

(8)务工人员的管理。用人单位签订劳动协议之后，劳务经纪人与务工人员签订劳务合同。如果有必要，还需要将务工人员的劳动关系转移至所在劳务服务公司或当地人才市场。

实行劳务派遣，首先实际用人单位能够降低用人成本、方便人事管理、减少劳动纠纷。其次，劳务经纪人能够一次性地获取大规模劳务人员的中介费用，个别情况下，劳务经纪人自行组织劳务，可赚取中间的劳务差价。最后，劳务派遣降低了农民外出务工的风险，保障了他们的收益，并且往往能够获得一定的技术。因此，劳务派遣获得用人单位、劳务经纪人和农民的欢迎，并得到政府的支持。

(七)劳动事务代理

劳动事务代理是指劳务经纪人(或机构)接受用人单位或劳动者的委托，代表用人单位或劳动者办理劳动者就业期间的部分或全部相关劳动人事或社会保险事务。

劳动事务代理服务的主要内容有：

(1)综合代理服务。包括保管和整理档案、保留劳动者原有身份、计算核实工龄；代办养老、工伤、失业、生育、医疗等社会保险和住房公积金；代办职称及技术等级认定；代办政审、调进、调出、退休手续；出具以劳动人事档案为依据的证明；代办劳动合同鉴证等。

(2)档案托管服务。包括保留劳务者原有身份、原技术等级(职称)、原已确认的连续工龄和社会保险缴费年限，并根据法律、法规和政策规定办理接续手续。

(3)其他单项选择代理服务。主要包括代办社会保障、住房公积金，代办职称、技术等级评定，代办调动手续，代办退休手续，代办出国政审，代办护照，代办经济特区出人证件，代办用工申报，代办劳动合同签证，代办劳动年审，代办招聘广告。

(八)成立猎头公司

现代猎头公司是经纪活动的高级形式，它的工作同样离不开时时沟通。猎头公司首要的是与客户沟通，了解客户需要什么样的人，将担任什么职位，应具备什么样的工作经验、教育背景、业务能力、人格品质等。然后在约定的时间内，根据客户需求，寻找合适的人选。猎头公司为了一个职位往往需要寻访几十人甚至上百人，然后再确定四五个人做候选。同时，与“猎物”——职位候选人进行沟通。猎头就像红娘一样为客户和“候选人”牵线搭桥，协助二者达成一致。若双方无法达成共识，猎头还要继续寻找推荐，直到为客户找到满意的人选为止。完成经纪活动一段时间后猎头公司往往还要回访，看双方是否满意，工作是否顺利等。这一运作程序就是现代猎头公司经纪活动的主要内容。猎头公司经纪活动中应注意以下事项：

值得注意的是：不挖企业的“右手”——掌握企业核心机密的人。因为挖走他，这个企业就空了，另一个企业靠被挖企业的血肉建立起来，在规范的市场环境中，这种行为是要受到法律制裁的。切忌从现有的客户企业中挖人。为避免出现这种状况，一家猎头公司不会在同一行业发展多家长期客户，一般一个行业发展一家，最多两家。和“猎物”打交道，不能搞得沸沸扬扬，要替“猎物”保密，这是猎头公司的“游戏规则”。

目前，我国部分省市出台《人才条例》，对猎头公司寻聘的人才作出限制，劳务经纪人应该以法律法规为戒，避免出现不必要的纠纷。

三、农村劳务经纪人的经纪过程

劳务经纪人在从事劳动力市场中介服务过程中，应当严格按照标准的行纪规范来操作，一般包括劳务经纪人的服务范围和服务程序两方面。

（一）农村劳务经纪人的服务范围

（1）信息服务。包括劳动力供需及其变化趋势等信息的收集和发布。

（2）咨询服务。包括择业、就业、聘用、管理、社会保障等相关政策、法规的咨询。

（3）指导服务。包括劳动者职业能力测评，职业分析与评价，求职方法，就业设计及用人单位聘用、使用人才观念和方法指导等。

（4）介绍服务。包括求职者和招聘人面谈，介绍就业和推荐用人，举办招聘洽谈会，引导劳动者流动就业等。

（5）委托服务。指经劳动保障行政部门专门认定的职业中介机构，接受用人单位和求职者的委托存放档案，办理劳动合同签订及有关职业培训和社会保障等事务。

（6）其他服务。农村劳务经纪人还要尽义务帮助求职者和用人单位开展包括就业登记、单位用人备案、职业介绍服务中的争议处理等，还可以协助有关行政部门进行劳动力市场监督检查等工作。

（二）服务程序

求职者和用人单位进入职业中介机构以后，农村劳务经纪人应当按照一套标准的程序提供服务。

(1)收集信息。劳务经纪人广泛、适时收集信息十分重要，其核心是获取劳动力供求信息，它直接关系到经纪人的经纪机会与经纪效率。获取信息的途径有：媒体宣传、广告、信息网络以及经纪人与社会建立的自有联系网。

(2)核实信息。为了保证获得的劳动力供求信息真实、准确，经纪人应认真核实获得的信息。一是审核求职者的信息。主要核实求职者向经纪机构提供的乡镇以上的介绍信、身份证、学历证、健康证等证件是否齐全，查验求职者提供的性别、年龄、身高、体重、健康状况、劳动能力、择业愿望、文化程度、工资要求等的真实性和合法性。二是审核用人单位提供的信息。主要核实用人单位向经纪机构提供的用工申请、用人单位有关的资信资料中的单位性质和地址、招工简章中招聘人数、招用条件、用工形式、工作期限、录用办法、劳动报酬和福利待遇等情况，查验用人单位的真实性和用工的合法性。

(3)供需见面。农村劳务经纪人根据自己掌握的劳动力供需的详细信息，进行组合配搭，牵线搭桥，在供求双方认为需要时，组织召开供需双方洽谈会或者双方个别接洽，为用人单位和求职者提供见面机会，这是用人单位和求职者进一步拉近距离的重要环节。

(4)职业指导。职业指导是指向求职者和用人单位提供就业政策和就业信息等方面的咨询与服务，为求职的农民合理选择职业、提高职业适应性提供咨询服务，为用人单位和求职者搭建双向选择的桥梁，加速农村劳动力的转移。

(5)签订合同。求职者和招聘者经过面谈达成共识，相互意向选择对方，劳务经纪人就要抓住时机，帮助签订劳动合同，明确工种、用工期限、劳动报酬、福利待遇等。农村劳务经纪人还要督促实施。在双方发生劳动争议时，要协助劳动力市场主管部门进行调查、调解，合理解决矛盾，切实维护当事人的合法权益。

(6)收取佣金。根据有关规定，农村劳务经纪人指导求职者和用人单位建立劳动关系，订立劳动合同，就完成了中介工作，依法收取合理的佣金。

第六节　农村文化经纪人业务运作

一、农村文化经纪人的含义和类型

农村文化经纪人是指与农村文化市场相关的众多行业的经纪人群体，即在演出、出版、影视、娱乐、美术、文物等文化市场上为供求双方充当媒介而收取佣金的经纪人。由于与文化市场相关的众多行业的特点不同，农村文化经纪人的类型也不一样。

1. 按经纪活动方式划分

(1)文化中介经纪人。是指以自己的名义为他人提供交易机会，或促成他人之间的交易。其主要活动方式是牵线搭桥、提供信息。文化中介经纪人按照委托人的委托，在委托人与第三方之间进行经纪往来，签订中介合同，依法进行中介服务活动。

(2)文化行纪经纪人。文化行纪经纪人是指受委托人委托，以自己的名义介入与第三方进行交易，并承担相应的法律责任。从事行纪经纪业务的企业法人以自己的名义进行的行纪业务活动。行纪业务行为是一种为委托人而经营或服务的业务，是以签订行纪合同来实施；行纪人为委托人购销的商品所有权属于委托人。如行纪业务代购商品，货款交委托人，只收取一定的佣金。

(3)文化代理经纪人。文化代理经纪人是指受委托人委托，以委托人的名义与第三方进行交易，并由委托人承担相应的法律责任，这类经纪人主要起代理的作用。代理行为是在代理权限内通过合同方式授予而实施的行为；其法律效果直接归属被代理人。

2. 按组织形式划分

(1)个体文化经纪人。个体文化经纪人是指具有民事权利能力和完全民事行为能力，依法登记从事经纪业务的自然人。个体文化经纪人必须符合法定条件，以个人名义从事经纪活动，以个人全部财产承担无限责任。

(2)合伙文化经纪人。合伙文化经纪人是具有经纪资格证书的两个以上合伙组织,以经纪人事务所的方式或其他合伙形式从事经纪业务。合伙人须订立合伙协议,共同出资,合伙经营,共享利益,同时必须符合法律规定的条件并依法登记注册。合伙人依出资比例或协议约定,以各自的财产承担责任,对经纪人事务所的债务承担无限责任。

(3)文化经纪公司。文化经纪公司是依据《公司法》成立的从事文化经纪业务,承担有限责任的企业法人,在经登记机关核准的经营范围从事文化经纪活动。

(4)其他文化经纪组织形式。由于目前文化市场管理尚不十分规范,实际上国内许多广告公司、咨询公司、文化传播公司,还有一些外国个体经纪人或小型公司也见缝插针,介入中国的文化市场从事文化经纪活动。

二、农村文化经纪人的职能

在市场经济条件下,文化经纪人一般具有文化信息服务、中介服务和代理服务 3 个方面的职能。

1. 文化信息服务

文化信息服务是文化经纪人的一项基本职能,文化经纪人的信息服务一般包括信息收集、信息处理和信息传递 3 个方面的内容。

(1)信息收集。信息收集是信息服务的准备阶段。作为文化经纪人,应及时收集有关方面的资料,并加以有效储存和及时更新。没有信息资料的收集,就谈不上信息服务。因此,文化经纪人都极为重视相关信息资料的收集和贮存。信息收集的方法和渠道与其他经纪活动的信息收集一样,不必赘述。

(2)文化信息处理。文化信息处理是信息服务的必要保证。一般收集的信息都是杂乱无章的,有的甚至是矛盾的。因此,必须要对所收集的信息进行必要的整理。

2. 中介服务

文化经纪人的中介服务是创造价值的服务性劳动。通过中介服务,可以提高文化市场的整体效益,沟通和促进文化市场经济的正常运行,活跃和繁荣文化市场。

3. 代理服务

文化经纪人的代理服务是按照委托人的授权,代表委托人进行一系列文化活动的行为,由此而产生的权利和义务直接对委托人发挥效力。

三、农村文化经纪人的活动程序

文化内涵的广泛使不同的文化经纪人有着不同的操作规程,但是他们都必须遵守经纪人的基本原则。不同行业范围的文化经纪人的工作程序都有着共同之处。

1. 确定文化经纪项目

文化经纪人所选择的文化经纪项目来源一般可分为:自己开发、民间邀请和政府委派三大类。根据市场经济原则,文化经纪人选择有利可图的文化经纪项目,在为社会提供文化产品的同时,实现自身利益的最大化。从盈利情况看,自我开发的和民间邀请的文化经纪项目,大多利润比较丰厚;政府部门的委托项目,大都盈利较低。但是文化经纪人往往从长远的目光出发,不会因为利益较少而放弃,这不仅因为接受政府机构的委托是一种崇高的荣誉,而且因为经纪人可以通过委托任务的完成,与政府机构建立良好的合作关系,提高经纪人的知名度,为将来的经纪活动奠定良好的基础。因此,经纪人即使承担今天的不足,也要尽心尽力完成政府机构委托的任务。

2. 制定文化经纪项目实施计划

文化中介项目一经确定下来,文化经纪人必须拟定一个详尽的计划。主要包括以下几个方面:

(1)选择文化市场环境。文化市场环境选择的好坏优劣是整个项目成败的前提。经纪人在选择环境时，既要考虑项目推广的效果，又要考虑项目推出所要增加的投资。农村文化经纪人既要考虑目标市场对文化项目的接受和喜爱程度，又要考虑文化项目接受方的资金成本。

(2)对文化项目的风险、收益进行评估。文化经纪人在确定项目种类和数量的情况下，必须对项目的成本进行评估，精心安排项目的实施顺序，仔细筹划，认真分析，使项目的收益大于自己付出的成本。

(3)做好计划的执行与监督工作。在执行项目计划的过程中文化经纪人必须加强事前和现场的监督，严格把关，确保文化项目的质量、进度与效益。如在演出活动中，要注重舞台灯光设计的别出心裁和独具匠心，场景变化要适应个性的要求，并与节目的主题相一致，完工时间符合计划的规定。在经纪活动中，文化经纪人要对工作的质量负有全部责任，除督促相关部门或人员各司其职外，还要对计划的执行进度与工作质量进行过问，及时进行监督检查。

(4)制定详细的文化市场推广计划。文化经纪人的成功在很大程度上取决于其文化项目广告和宣传的效果。经纪人在前期工作准备结束后，切不可忽略广告宣传工作。要充分利用各类大众宣传媒介、电视台、电台、报纸、新闻发布会和各类标志宣传的特色，吸引社会公众的注意力，给他们留下深刻的印象，以争取更多的客户。

3. 筹集项目资金

通常，文化项目经费主要来源于赞助费、广告和项目收入3个方面。一般来说，文化经纪人和企事业单位之间往往保持着密切的横向联系，常常有机会相互提供优惠，企事业单位愿意提供商业赞助的可能性普遍存在。其形式除了作为广告费的支出外，也可能直接购买一部分文化产品或演出票发给本单位职员或有关客户与人员。以演出经纪活动为例，经纪人为客户做广告的方式多种多样，可以是在会场上挂上各种标语，也可以由企事业单位领导出场讲话，甚至为主要演员献花或颁奖。这既能增强企事业职员的荣誉感，增加企事业单位的凝聚力，也能提高企事业的知名度，起到更好的广告效应，因此，企事业单位都比较乐意支付这类费用。经纪人在售票方面上有许多文章可做。首先要有几个卖团体票的公关能手，由他们来销售尽可能多的门票，然后将余票送入票房零售。

4. 制定文化项目预算

文化经纪人从事每一项文化经纪活动，都要制定一下详尽的文化项目预算，以确保自己经济效益的实现。费用支出主要包括文化场所设备的租金、工作人员的工资、广告费用的支出、交际费、文化项目的设计和施工费用等。经纪人必须尽量降低成本，提高经济效益。在经济效益许可的情况下，经纪人注意适当增加相关人员的收入，其数量以略高于社会平均水平为宜，以调动工作人员的积极性，使大家感受与你合作的愉快，所以经纪人一定要把握好其中的尺度。

5. 业务商谈

文化项目的谈判是文化经纪人工作的一项主要内容。在确定项目开始，经纪人就要与各主管部门、场所设备的提供者、各类演出人员进行谈判，这项工作一直要进行到整个文化活动的结束。

6. 签订合同

以文艺演出项目为例，为保证演出过程中各个环节的良好衔接，文化经纪人必须和有关方面签订合同。包括经纪人与院团机构、剧院场所、音响设备的所有者，与所有演出有关人员签订合同的契约。农村文化经纪人要开拓农村文化市场，还要与当地的村镇机构签订合同。其内容包括甲乙双方所必须承担的责任，履约的时间、地点、条件和方式，以及预付定金和违约罚款等条款。

7. 合同的执行

当合同签订之后，就开始进入执行阶段。有了好的项目，关键在于执行，要加强执行力度，加强合同的实施与监督力度，才能确定项目的顺利完成。

8. 代理权的终止

完成合同中规定的项目，经纪人的代理权终止，或进入了下一个项目的运作。但是代理权终止，除了项目完成以外还存在其他终止代理权的情况。《民法通则》第六十九条规定，有下列情形之一的，委托代理权自动终止。

（1）代理期间届满或者代理事务完成。

（2）被代理人取消委托或者代理人辞去委托。

（3）代理人死亡。

（4）代理人丧失民事行为能力。

（5）作为被代理人或者代理人的法人终止。

9. 取得佣金

文化经纪人开展文化经纪活动的目的就是获得应有的报酬——佣金。佣金作为提供中介服务的报酬，应该在文化经纪合同中明确规定。按通常的惯例，佣金的数量标准一般都是按交易成交额的一定百分比来确定。

佣金的收取时间，应在文化经纪合同中规定，一般情况下，佣金在文化经纪人帮助委托人完成交易事项后按成交额提取。但有时会出现委托人事先预付一部分佣金或费用的情况，也要在经纪合同中规定。在实际工作中，如果一些费用开支，没有在经纪合同中明确规定，而文化经纪人认为应该由委托人或合同当事人承担时，应在费用发生前告知承担方，征得同意，并在费用发生后及时让承担方确认、补偿。

10. 总结和评估管理

每当一个经纪项目结束后，文化经纪人要对该项目进行全面的业务总结，主要有以下几个方面的工作：

（1）归档整理。针对本项目的确定选择、项目谈判、合同签订、合同执行，整个过程进行规范档案整理，并存档备查。

（2）总结经验。文化经纪人在每个经纪项目完成后，应及时总结经验教训，其目的是为了做好以后的项目。

（3）评估文化项目的社会效益、经济效益。对社会效益的评估可以从活动知名度、影响力、轰动效应、社会舆论、消费者意见反馈等角度来考虑。对经济效益的评估可以制定几个切实可行的经济指标来考察，例如，成本率（成本费用/佣金收入）、利润率（税后利润/全部毛收入）等。经济效益还要考虑到时间周期因素，可以进行周期效益比较。一般来说经纪活动以时间越短、利润收入越高越好，利用周期效益指标（利润额/实际经纪天数）进行考评。周期效益指标越高，经济效益就越好。

（4）建立相应激励制度。通过一系列的评估总结，对经纪项目执行人给予适当的奖惩，这是文化经纪人激励制度的重要组成部分。通过激励机制，调动组织内从业人员的工作激情，有利于提高文化经纪人员的素质和业绩。

11. 建立良好的客户关系

文化经纪人的客户关系包括开拓潜在客户，巩固现实客户。经纪人应与客户建立起良好的配合关系，与客户保持持久、稳定的关系，以求达到长期合作的目的。

第七节　农村保险经纪人业务运作

一、农村保险经纪人及其遵循的原则

农村保险经纪人是指基于农村投保人的利益，为投保人与保险人订立保险合同提供中介服务，并依法收取佣金的单位。

根据保险法的规定，保险经纪人办理保险业务，必须遵守国家法律和行政法规的规定，遵循自愿、诚实信用和公平竞争的原则。

二、农村保险经纪人的业务运作内容

1. 选择保险人

对于大多数客户来说，无论是个人还是大公司，对很多保险人有深刻的了解是不大可能的。如果说在一个仅有 4 ~ 5 家保险

人的市场上可能还不十分需要保险经纪人的话，那么在承保任何一类风险都存在很多保险人的情况下，选择保险人并使保险人的服务满足不同客户的需求，保险经纪人则发挥着首要作用。

对一个保险人进行评估要考虑很多因素，特别是在对该保险人提供的服务综合考虑并提供建议时，其评估更会有重要意义。下面是评估时应考虑的因素：服务质量；承保范围；灵活性；信用便利；承保能力；地域范围；理赔服务；技术和销售服务；技术建议条款；价格；勘察和风险管理；互惠交易；财务稳定性；连续性；信誉和经验。

2. 处理风险

保险经纪人在处理风险时有许多不同的功能。这些功能根据风险的大小、复杂程度以及保险经纪人规模的不同而异，但是基本的功能都是一样的。保险经纪人应做到以下几点：

（1）协助客户完成投保单。

（2）以会议或提问的方式了解其他信息，必要时向承保人全面阐述风险。

（3）安排勘察。

（4）向保险人提供信息。

（5）向客户提供解释条款。

（6）通过向保险人和被保险人提供书面意见促使保险合同生效。

（7）安排保单批注及其他有关文件。

（8）把风险记录在保险经纪人的档案中。

（9）把客户的保费支付给保险人。

（10）同意信用条款。

（11）安排再保险。

3. 理赔谈判

在收到索赔通知后，保险经纪人的第一步工作就是核查他们的记录并判断损失是否属于保单的责任范围。要把索赔通知递交给保险人。除了有特别协议之外，根据保单条件，保险经纪人收到索赔通知不能被视为保险人也收到了索赔通知。

在理赔谈判的过程中，保险经纪人有义务保证被保险经纪人被公正地对待，以便能根据保单条款使被保险人得到真正的补偿。在涉及理赔案件时，保险经纪人的基本职责是：

（1）迅速向保险人递交出险通知书。

（2）根据保单提醒被保险人注意自己的权利和义务。

（3）协助被保险人准备必要的文件和资料以便索赔。

（4）从保险人处收集理赔纪录。

（5）当有重大损失发生时，保险经纪人应与理赔人员、保险人共同参加现场会。

4. 保险经纪人的佣金收入

保险经纪人代保险客户向保险公司投保一定险别后，保险公司从保险费中提取一定比例给保险经纪人，即佣金。这也是保险经纪人的主要收入来源。佣金数额的大小取决于介绍成功的保险业务的数量和质量。保险数量和质量越高，佣金就越多；反之则少。佣金的高低往往影响保险费的升降。实力强大的企业保险客户可以凭借自身的实力与保险经纪人就保险佣金的问题讨价还价，经纪人有时候为了和其他同行竞争，也会同意降低佣金比率。

5. 业务操作程序

保险经纪人的一般操作程序如下：

（1）由市场开发部人员争取和接待客户（被保险人）。

（2）保险经纪人与客户进行业务洽谈。如洽谈成功，即与客户签订委托协议书，规定双方的权利和义务，收取客户咨询费；然后进行调查研究，设计初步的保险方案；向数家保险公司询价，在得到报价后，选择最有利于客户的保险公司进行洽谈，再修改保险方案。待各项条款谈妥后，经客户确认办理投保手续，并缴付保费。

（3）一旦保险合同订立，由财务部人员从保险公司处得到佣金，并通知客户有关保险合同的情况。

(4)在保险合同有效期内,保险经纪人应与保险公司和客户保持联系。如果保险标的和保险合同内容发生变更,应及时通知保险合同双方。

(5)在接到客户发生保险事故的通知后,保险经纪人应及时向保险公司报案,并办理索赔手续。

(6)在保险合同期满前,保险经纪人再与保险合同双方联系续保事项。

第八节　农村信息经纪人业务运作

一、农村信息经纪人的含义

所谓农村信息经纪人,就是根据需要,利用各种可以利用的信息源来回答问题,从而获得一定利润的个人或组织。

近年来随着我国改革开放的进一步深入和社会主义市场经济的发展。商品经济得到完善的发育,经纪人在经济生活中跃跃欲试,在我国的一些大城市和经济较为发达的沿海地区,已经出现一批称为“掮客”的人,他们靠出卖特定的消息或撮合买卖双方达成交易而赚取一定的额外收入。这种业余“掮客”可以说是我国当今原始的、初级的个体信息经纪人,因为不管从这种业余“掮客”的工作内容,还是其工作方式看,它都已具备了信息经纪人的雏形。

二、农村信息经纪人的职责范围

市场经济实质上是一种信息化经济。信息经纪人肩负着重要的职责,发挥着不可替代的作用。

(1)疏通流通渠道,沟通信息买卖双方的联系,促使交易成功,促进信息资源的合理配置。

(2)根据信息生产者和消费者的需求,将信息市场内外散见的各类市场信息、科技信息、政策法规信息收集、加工、整理和提供给社会。

(3)负责信息的研究、预测和咨询、论证。

(4)代理市场调查与预测。

(5)开展信息交易业务培训。

(6)代理项目的签约、订立合同,并监督履约和实施合同。

(7)代理信息交易合同争议的调解,以及信息交易方面的行政诉讼。

(8)经国家信息管理有关部门批准的其他业务。

三、农村信息经纪人运作中应注意的问题

农村信息经纪人要树立法规观念,要知道哪些商品、哪些事不能去插手,不能被利益驱使做违法之事,不能玷污自己在社会主义市场经济中的职责。

1. 不参与国控物资和产品、国家保密信息的搜集和中介

过去在计划经济的模式中,国控物资和产品门类甚多,随着我国改革开放的深化,国家已经取消了很多物资和产品的统购统销,让它们进入市场交易。但是,为了保护市场物价基本稳定,控制通货膨胀率的非正常增高,即使对一些普通商品,国家也有临时约法出台,如对外烟的专卖等。所以经纪人必须随时注意国家或地区颁布的法令,凡规定国有公司专卖的商品、物资,就不要去中介。

2. 不向需求方承诺力不能及的中介

经纪人一般交友甚多,人缘关系也很好,过去的老领导对自己也不错,很多信息和中介成效与否,都要靠这些关系,这是无可非议的。但是,当他们提出你自己也办不到的事,就不能碍于情面而答应下来,特别对你很陌生的商品领域、科技信息、外省市市场情况等,作为经纪人就应冷静地考虑,婉言谢绝,不能与供方或需方订立中介合同。承诺虽是口头的,但反映了自身的信誉。若干个承诺都没有兑现,你也就在交易市场上失去信用。一个失去信用的经纪人或是经纪公司,后果不堪设想。因此,不要轻易承诺也是经纪人的戒条之一。

第十一章　返乡创业新商机——农村劳务经纪人

第一节　农民工返乡创业是劳务经济的高级阶段

一、打工者变为创业者

农民外出打工是实现农民本身收入增加、努力致富的阶段。回归创业，由打工者变为创业者是发展劳务经济的高级阶段。外出务工缓解了农村劳动力过剩的问题，但劳务输出的意义不止于此，而是使农民走向市场，在打工的过程中学知识、长见识、更新思想观念。农民在外务工，积累了知识经验、技术技能和劳动资金，他们走南闯北，艰苦奋斗，凭借自身的努力，回到家乡自主创业，是因为在家乡创业成本低、收益高，投资环境和经营环境较好。如果说，外出务工是花，那么回归创业就是果，是劳务输出的进一步深化和延伸，是劳务输出的最终归宿。

二、为农民工返乡创业提供咨询和信息经纪服务

农民工返乡创业渴求创业信息，但由于经济技术的限制，不能及时得到适用的信息。这就只能求助于信息广、消息灵、熟悉市场行情、创业知识以及相关政策法规的农村劳务经纪人。其咨询服务有以下几个方面的内容。

（一）市场信息咨询

市场信息咨询主要是市场行情、产品供求、新产品开发以及市场等信息。创业者可以根据这些信息选择创业方向、生产规模、投资方法以及合作伙伴等。

（二）专家咨询

由于现代市场经济专业化强，返乡创业的农民工一般以专业

的标准生产经营,而经纪人丰富的社会经验和产品知识,能为创业者提供较好的建议,甚至为创业者提供更加专业的专家咨询服务。

(三)政策法规咨询

经纪人可以为返乡创业的农民工或委托人提供相关的法律法规方面的咨询,提高他们在开办企业、生产经营、买卖交易等多方面的法律意识,避免委托人在创业中触犯法律。

三、为农民工返乡创业代理各类实际工作

农村劳务经纪人从事代理业务,在委托人授权的范围内进行代理服务。即代理人在代理权范围内,以被代理人的名义实施法律行为。例如,接受用人单位和求职者的委托存放档案,办理劳动合同签订及有关职业培训和社会保障等相关事务。

第二节　农民工返乡创业过程中的经纪项目

一、嫁接农民工创业过程中短缺的创业资源

在外务工的部分农民工积累了一定的资金,掌握了一定的技能,就有了回乡创业的意愿。返乡农民工受自身素质偏低的局限,导致他们在选择投资项目、确定发展目标、寻找市场定位等方面的知识和技能不足,往往容易进入不适宜的行业和领域,最终导致创业失败。有的即使勉强度过了创业初期,也会由于缺乏必要的管理知识,难以做强做大,继续发展,最终还是被残酷的竞争淘汰出局。农民工返乡创业资源极度短缺,主要依靠打工积累或向家人朋友借款等方式筹措资金,数量和来源非常有限。加上常年在外务工对家乡的政策和环境也不够熟悉。虽然农民工在外期间获取一技之长,但创办企业需要全面的综合性的管理知识和经验,大多数创业者仍缺乏管理知识。创业是一个艰难而复杂的事业,需要各方面的资源。农村劳务经纪人可以为返乡创业者提供如咨询、代理、信息服务等各方面的专业服务,帮助创业者解决

创业资源短缺问题，提高了农民工返乡创业企业的成活率。

二、嫁接农民工创业过程中缺失的政府扶持政策

农村劳务经纪人的经纪活动对农村的发展有着深远的社会影响。它使农村劳动力供给与市场需求产生了对接，农业结构得到调整，农业收入大幅度提高，促进农民就业。发展农村劳务经纪人是促进和推动市场有序发展的重要手段。实践证明，农村劳务经纪人已经成为劳动力供求双方的重要牵头人和引领农民向第二第三产业转移的带头人，农村劳务经纪人是政府、企业和市场之间的桥梁，在促进和推动市场健康有序发展中扮演着重要的角色。

三、降低农民工创业过程中的高成本投资

通常农民由于精力、财力和个人能力以及生产规模有限，面对千变万化的市场和激烈的竞争，在创业过程中很难把握市场的走势、捕捉有利的行情，经常遭遇买卖难且高进低出的情况。因此这就需要农村经纪人帮助他们正确判断市场走势，帮助创业农民工生产适销对路的产品，规避市场风险，保证他们的产品有较好的销售业绩并有满意的收入。另外，通过向农业生产提供较低价格的生产资料产品，以降低生产成本，增加效益，就能达到农民工创业过程中低成本、高收入的目的。

四、为返乡创业的农民工嫁接需要的各种资源

新型农村经纪人广泛开展经纪活动，引导返乡创业的农民工以市场需求为导向，以提高整体生产效益、增加生产收入为目的，为他们提供需要的人才、资金、物资、技术、信息 5 种资源，为农民工返乡创业创造良好的基本条件。

主要参考文献

[1]赵金龙. 农村经纪人知识问答. 北京:中国农业出版社,2011

[2]中国工商总局市场司. 农村经纪人实务手册. 北京:中国工商出版社,2007

[3]戴昀弟. 农村经纪人知识问答. 北京:中国农业出版社,2007

[4]李治民. 新农村经纪人培训教材. 北京:金盾出版社,2008